U0004261

行動経済学 経済は「感情」で動いている

有限理性

行為經濟學入門首選！

經濟學和心理學的共舞，理解人類真實行為的最佳工具

友野典男—著 謝敏怡—譯

Contents

第 1 章
經濟學和心理學的共舞：行為經濟學的誕生　　11

這個世界真實存在著哈姆雷特、馬克白、李爾王、奧賽羅，教科書中出現的人物都既現實又理性，但這世上有更多各式各樣的人。

如神一般的經濟人／你有辦法理性地判斷嗎？／理性且自利的經濟人／經濟人的條件／經濟人假設擁護派／什麼是行為經濟學？／經濟學和心理學原為一體／有限理性的先驅：奇才賀伯‧賽門／認知心理學的誕生／行為經濟學的建構／與實驗經濟學的差別／第二階段的行為經濟學

第 2 章
人類依據有限理性行動：理性決策的艱難　　35

無論是生還是死，各種情況都參雜著偶然的因素。問題就在於該如何計算它們。

挑戰你的機智！蒙提霍爾困境／機率好難懂／人會遵循貝氏定理嗎？／邏輯推論／選美賽局／最後通牒賽局／賽局理論與理性／囚徒困境／人是理性的嗎？／人類的優異能力

Contents

第 5 章
展望理論（二）應用篇：對「所有物」的執念

我們行為規範的大部分，不是來自良心和理性，而是世人的眼睛。而所謂世人指的是，在我們身邊評價著我們的人。

第 6 章
框架效應與偏好的形成：偏好容易變動

採取理性行為時，我們當然會試圖從中做出最佳選擇，或是從互不相容的事物當中，找出最好的折衷方案。但人類在做抉擇，以及決定應考量因素時，有時也會誤判。

Contents

得好評，更有利／經濟人與互惠人的相互作用／懲罰的反效果／懲罰造成低道德感／最後通牒賽局的啟示／提案者與回應者背後的動機／最後通牒賽局與意圖／經濟人與互惠人的競爭／文化導致不同的行為特質／學了經濟學，就會變自私？

第9章
理智與情感的二重奏：情緒、大腦，與演化的正面意義

當情感支配人類時，理性一點也沒有插手的餘地。

一、情感的作用／作為捷思的情感／作為承諾的情感／性情大變的費尼斯・蓋吉／決策失能的伊里亞特／軀體標記假說：身體對情感的反應／愛荷華賭局作業／二、神經經濟學／大腦的構造與功能／神經經濟學的研究方法與對象／大腦與效用／利得的期望／貨幣也會帶來效用／風險與模糊／跨期選擇的大腦活動／合作、懲罰、愉悅的情緒／催產素與信任／三、演化的力量／合作行為的演化／生物學的適應度與經濟利得／血緣關係與互惠性／文化演化／團體的淘汰／文化變異的保存／規範的內化／社會情緒的角色／作為合作基石的天生能力／基因與文化共同演化合作行為／所以，人是理性的嗎？

前言
行為經濟學的繁榮——
理解人類真實行為的最佳工具

「情緒」推動經濟的運作。

不想被說跟不上時代，所以穿流行服飾、聽流行音樂、上熱門餐廳、讀暢銷書。狂牛症很可怕，所以盡量不吃牛肉。投資股票時，最後依照直覺做決定。景氣好壞憑感覺判斷⋯⋯

明明只要有計畫地儲蓄，退休生活就算不靠年金也沒有後顧之憂，卻總是衝動購物。雖然知道減肥比較健康，卻總是無法抵抗甜食的誘惑。打掃時明明只要打混，讓別人做，自己可以落得輕鬆，但那樣會良心不安，所以無法偷懶。即便沒有人在看，但良心不允許，所以不亂丟垃圾。

用情緒和直覺決定經濟行為，憑直覺理解經濟的例子非常多。但這並不是說，只有情緒才能推動經濟運作。

人心推動經濟的運作。

雖然說是人心，但在這裡並不是指體貼或溫柔等人性推動著經濟運作，也不是在提倡道德。此處的「人心」指的並非內心（heart），而是心智（mind），擔負意識、認知、記憶、判斷、

決定、情緒、意志、動機等功能。

　　人心既能運作理性的邏輯推理與計算，也孕育情緒和直覺。人心決定人類的行為，人類的行為推動著經濟的運作，因此，我們也可以說，人心推動著經濟運作。然而，傳統經濟學認為，人類是藉由理性的計算和推論決定行為。

　　但我們逐漸了解到，行動與決策背後，情緒和直覺也擔負著重要的角色。經濟學的趨勢從只重視精明人理性計算得失，轉為逐漸重視情緒在其中所扮演的角色。也就是「從無情算計，到有血有肉有情緒」的轉變。

　　2002 年 10 月，小柴昌俊榮獲諾貝爾物理學獎，田中耕一榮獲諾貝爾化學獎，創下同年諾貝爾獎雙響炮的紀錄。正當日本掀起熱烈討論的時候，當年諾貝爾經濟學獎的報導只占了報紙的一隅。當時經濟學獎的得主有兩人，其中一位是普林斯頓大學的教授丹尼爾・康納曼（Daniel Kahneman）。

　　康納曼與已故的研究夥伴暨摯友阿莫斯・特沃斯基（Amos Tversky），是本書主題「行為經濟學」的重要先驅。但是他在日本卻默默無名，我甚至有聽過經濟學家問：「康納曼是誰？」在那之後，經過多年歲月，日本的情況依舊，行為經濟學仍未受到大家的重視。

　　本書目的是以「從無情算計，到有血有肉有情緒」作為貫穿本書的主題，廣泛介紹並探討這個新興經濟學——「行為經濟學」的基礎。雖然說是基礎，但不只有入門知識，也包含理論結構的基礎和根源。本書除了作為行為經濟學的入門書之

外，也以探討經濟行為背後的心理、社會、生物的根源，鞏固
行為經濟學的基礎為目標。

　　行為經濟學完全是一門現在進行式的學問，新的重要研究
貢獻也如雨後春筍不斷出現，因此這本小書無法涵蓋這門學問
的一切。即便如此，若本書能讓更多人對行為經濟學感興趣的
話，我也與有榮焉。

第 1 章

經濟學和心理學的共舞

行為經濟學的誕生

這個世界真實存在著哈姆雷特、馬克白、李爾王、奧賽羅，教科書中出現的人物都既現實又理性，但這世上有更多各式各樣的人。

——阿馬蒂亞·沈恩（Amartya Sen）

《倫理學與經濟學》（*On Ethics and Economics*）

> 我們從切身的經驗中學習。要切記，即便經過理性思考，
> 我們也無法解決所有社會上發生的問題。
>
> ——亞伯特·愛因斯坦
> 《愛因斯坦如是說》（*bite-size einstein*）

如神一般的經濟人

各位有聽過「經濟人」（Homo oeconomicus）嗎？

經濟人指的是，行為極度理性，不顧及他人，只追求個人利益，為此徹底自我控制，不僅是短期，長期而言也絕對不會做出對自己不利決定的人。只要一出現對自己有利的機會，就會先發制人，採取對自己有益的行動。

然而，我們總是陷入戒菸、戒酒、減肥失敗的循環；經常把傘忘在電車上；同一時間安排了兩個約會，讓朋友感到不愉快；花大筆金錢在不可能會中的樂透上。極度理性的經濟人，簡直是遙不可及。但如果在我們認識的人當中真的有這種人，我們絕對不會想跟他們做朋友。

這個如神一般的人物，就是傳統經濟學所假設的經濟人。

我們明明會馬上冒出這樣的疑問：那麼特別的人，真的存在嗎？但經濟學卻假設從事經濟活動的人，也就是我們，全都

是這種類型的人，並在以「經濟人」為核心的假設條件下建構經濟學。

「經濟人」（Homo oeconomicus）一詞，是利用「智人」（Homo sapiens）創造出的詞彙。Homo sapiens 為拉丁文，原為「有智慧的人」的意思，但 Homo oeconomicus 卻聰明過頭。

同樣是創造新詞，相較之下，荷蘭歷史學家約翰・惠欽格（Johan Huizinga）創造的「遊戲人」（Homo Ludens），以及亞里斯多德創的「匠人」（Homo faber）有魅力多了。

你有辦法理性地判斷嗎？

為了讓大家更加了解，這種極度理性的經濟人長怎樣，請思考以下的問題。第 2 章時我們再來看正確答案。

問題 1

假設你現在正參加電視台的益智節目。

你答對了許多題，來到有機會贏得獎金的最後一關。

你的面前有三扇門，無論打開哪一扇門，都可以獲得門後的獎品。其中一扇門後有轎車，剩下兩扇門的後面只有山羊。假設你從 A、B、C 三扇門中選了 A 號門。門還沒打開。

此時，事先知道哪一扇門後有轎車的主持人打開了 C 號門。當然，C 號門只有山羊。

　　這個時候，主持人問你：「你要選擇 A 號門嗎？你也可以換成 B 號門喔，要換嗎？」

　　問題來了，你該怎麼辦呢？維持原本的選擇 A 號門也可以，換成還沒打開的 B 號門也行，你要選哪扇門呢？

再來一題跟機率有關的題目。

問題 2

　　某個傳染病的染病機率是萬分之一。你接受這項傳染病的篩檢，檢查結果為陽性。這項篩檢的可靠度是 99%。實際上，你有多少的機率會染上這個傳染病呢？

下一題是跟邏輯有關的題目。

問題 3

　　如下列有四張卡片，卡片的正面為英文字母，反面則是數字。現在你為了驗證「母音卡片的反面一定是偶數」的規則是否成立，應該要翻開哪幾張卡片呢？

| E | K | 4 | 7 |

接下來的問題必須推測他人的行為。

問題 4

假設這個問題的受試者有一百人。這個遊戲是，請大家從 1 到 100 之間選擇一個喜歡的整數，選擇的數字最接近全體平均值三分之二的人便是贏家。如果你想贏，應該要選什麼數字呢？

還有最後一題，同樣是預測他人的想法。

問題 5

你獲得 1000 元，被要求要分一些錢給陌生人。你可以全額保留，也可以將一部分的錢分給對方，但對方有否決權。若對方接受，就會按照你提案的金額分配；若對方拒絕，則兩人一毛錢也拿不到。如果是你，你會提案分多少錢給對方呢？

理性且自利的經濟人

傳統經濟學所假設的經濟人，他們的形象是徹底理性地認知與判斷，意志堅定，而且唯利是圖，只追求自身物質利益。

雖然有些學者或文獻，會把理性的認知判斷與追求物質利益，這兩種概念合稱為「理性」，但本書將此兩種概念視為不同的東西。因為追求私利是行為的目的，而理性則是為了達成那個目的的手段、方法，應將兩者視為不同的概念。

不只是理性且追求私利，也有可能是「理性且利他」、「不理性且追求私利」、「不理性且利他」的組合。

譬如也有可能發生，原本要採取利他的行動，卻因不理性而誤判他人的行為，導致非利他的結果；而看似利他的行為，也有可能是無法做出理性的判斷，導致追求私利失敗的結果。

經濟人的條件

讓我們再往下深入了解，經濟人到底是怎麼樣的人。

理性到底是什麼意思呢？

日常生活上或是辭典上，理性具有理智的、有邏輯的、擅於精打細算等意思。但經濟學所指的理性，具有相當特殊的涵義。首先，自己的喜好（偏好）明確，沒有矛盾，始終如一。而且會依據那些喜好，選擇能讓自己獲得最大效用（滿足）的選項（例如：商品）。

　　這個假設乍看之下，似乎合理且可接受，但其實是相當嚴苛的條件。

　　例如購物時，必須擁有所有商品的資訊，有辦法評估各種商品的組合，快速計算購買哪些商品可以獲得多少效用，得知什麼樣的商品組合能讓效用最大化。

　　然而，要取得決策所需的各種資訊，不但不符成本效益，也無法實際執行。即便獲得資訊，資訊的分析更是困難的任務。

　　例如，假設百貨公司有大約二十萬項的商品。取得所有商品的明細也許是可能的，但要計算每一件商品消費後可獲得的效用，簡直是天方夜譚。

　　據塩澤由典所言，想計算出最佳解答，即便使用高效能的電腦，商品數為 10 的時候僅需 0.001 秒，但商品數為 30 時需要 17.9 分鐘，商品數為 40 時需要 12.7 天，而當商品數為 50，竟然需要 35.7 年才有辦法完成計算。就連高效能的電腦都需要如此長的時間運作，普通人就更不用說了。

　　此外，經濟人隨時都可以明白表示，自己是喜歡咖啡還是喜歡紅茶，喜好不會隨著時間和情境發生改變。經濟人對咖啡和紅茶的喜好，不會因日夜而有所差異，也不會因為昨天喝了十杯咖啡，所以今天改喝紅茶。

　　而且，經濟人的意志堅定，無論是戒菸或減肥，根本不可能會失敗。再者，他們知道香菸對身體不好，所以年輕時就不抽菸，也不會過度攝取可能導致肥胖的脂肪和糖分。經濟人完全與戒菸、戒酒、減肥這些詞彙扯不上關係。

也就是說，經濟人具有無窮的意識、專注、記憶、推論、計算、判斷等大腦和心理的認知功能。而且擁有極為堅強的意志力，一旦決定了就會徹底執行，簡直就是超人。

托斯丹·范伯倫（Thorstein Veblen）將經濟人稱為「能閃電般地計算快樂與痛苦的計算機」。賀伯·賽門（Herbert Simon）把經濟人比喻成「如全知全能的神一般的存在」，並說道：「這種全知全能模型的看法，作為上帝的心理運作模型是可行的，但是作為人類的心理運作模型是不可行的。」

這些定義聽起來非常合理。除此之外，經濟人還有另一個重要的概念。

那就是，經濟人是利己的人，他們完全不顧及他人，只顧追求自己物質利益的最大化。像這種追求私利的人，即使為了他人採取行動，也不過只是為了獲得回報。換言之，經濟人沒有倫理、道德之類的概念。

而且，從上述兩個特質，延伸出經濟人的性格：絕對不會放過任何能獲得利益的機會，哪怕只有一丁點的機會。只要不犯法，一有獲利的機會，經濟人就會去做。經濟人雖然守法（為了避免受罰），但沒有超越法律框架的道德觀。

所以，如果你是經濟人，應該可以正確回答問題 1 到問題 5 才對。

無法說明自己是如何導出正確答案的也沒關係，你有辦法只憑直覺獲得正確答案嗎？（正確答案請見第 2 章）

經濟人假設擁護派

　　這種經濟人的前提假設，逐漸被日常生活經驗以及許多實證研究徹底棄用。

　　即便如此，擁護傳統經濟學的人馬，認為理性和利己的前提假設能建構有效理論的論述仍然相當頑強。以下依序反駁四個擁護派的說法。

彷彿論

　　首先是經濟學家米爾頓・傅利曼（Milton Friedman）提出的「彷彿論」。

　　彷彿論的立場認為，經濟學的理性假設，並未要求主體必須真實確切是理性的，而是主體「彷彿」（as if）理性地計算並做出選擇。因此，以理性的主體為假設，去建構理論模型不會有任何問題。理論模型妥當與否，也就是理論的可預測性，只要那個理論模型能準確預測經濟和經濟行為就好，沒必要討論理論的前提實際上到底是否妥當。

　　傅利曼舉了以下具體例子說明彷彿論。例如：樹葉，「那些樹葉彷彿是……為了追求陽光最大吸收量，謹慎地在樹枝上挑選了位置」；老練的撞球選手，「彷彿知道決定球的最佳行進路徑的數學公式，可以單憑肉眼精準估算擊球角度，運用公式快速計算，然後擊球，讓球就像是按照公式提示的方向般行進」。

但樹葉不可能去計算如何讓吸收的陽光量最大化；再老練的撞球高手，也不可能真的去演算球會如何滾動。鈴木一朗和松井秀喜也不是解完微分方程式才揮棒。

即便如此，認為他們「彷彿」做了最佳運算後才採取行動，也沒什麼問題。因為色球入袋、鈴木一朗和松井秀喜打出安打的預測經常命中（雖然有七成是未命中），所以理性的假設是沒有問題的。也就是說，彷彿論的想法是，只要理論能預測，就不去探究假設的真實性。

那麼，立基於經濟人假設的傳統經濟學，其預測正確嗎？雖然這是實證類的問題，但反例隨處可見。

在都市近郊經常可以看到這樣的銷售方式：農家把自己種的蔬菜或水果擺在無人菜攤販賣，買方拿取想要的東西，然後把商品款項放進旁邊的箱子裡。這個銷售方式之所以能持續存在，是因為賣方推測，即便沒有人監視，一般而言買方也不會耍詐，而實際上確實也是如此。

如同第 8 章將詳細討論的，在傳統經濟學的預想中，根本不可能出現無薪志工或捐血，無人菜攤也不可能成功。也就是說，傳統經濟學無法預測現實世界發生的事情。根據可預測性，而忽視假設非真實性的「彷彿論」，在實證上是站不住腳的。

市場淘汰論

第二個擁護派是市場淘汰論。其認為非理性的行為主體會被市場排除，所以能對市場帶來實質影響的，只有理性的行為

主體。因此以理性為前提，研究經濟和市場的機制，一點問題也沒有。但這個主張，在很久以前就被指出是不可能的。

例如，湯瑪士・謝林（Thomas Schelling）和理查・塞勒（Richard Thaler），他們將「偏離效用極大化，但並非完全隨機的行為」稱為準理性行為。他們指出，「理性主體和準理性主體並存的經濟」與「全部都是理性主體的經濟」，兩者呈現的均衡狀態是不同的。此外，雖然理性和準理性並存的市場，也要求必須達到跟「完全理性經濟市場」相同的均衡條件，但可以達到的條件極為有限。柯林・坎麥爾（Colin Camerer）曾說：「深信個人的非理性行為不會影響市場的想法，主要是來自於經濟學的『口耳相傳』。」

暫定論

第三個擁護派是暫定論。此論認為，經濟人的假設的確太過嚴苛，但目前找不到其他合適的理論，所以就暫且支持理性理論的假設。這個主張應該是擁護派當中最有道理的吧。

初期的行為經濟學，對傳統經濟學提出了相當有力的批判，但還不到取代傳統經濟學的地步，而且我們甚至可以說，現在行為經濟學的理論體系尚不足以完全驅逐傳統經濟學。但只要有更多的經濟學家，投入研究資源在行為經濟學上，應該就能夠建構取代傳統經濟學的理論體系，樂觀預見不久之後那一天會到來。

經濟理論是規範性理論

第四個擁護派認為，經濟理論是規範性理論，而非描述性理論。也就是說，經濟理論並非以人的實際行為作為研究對象，而是提出人應當採取怎樣的行動。雖然這樣的理論被稱為規範性理論，但在規範性理論「應當採取的行動」的清單當中，並未包含「人是經濟人的假設」。換言之，人類認知和判斷是完全理性且單純追求私利的假設，不存在。

特沃斯基和康納曼主張，規範性途徑終究會失敗。因為人會做出違反優勢性（雖然兩個選項都會得到相同的結果，但我們會選擇發生機率較高的選項）和不變性（決策問題的解答，不會受到提問方式或情境脈絡影響）的選擇，從規範的角度來看，那些是一點也不合理的固定選項。而且，若不知道「這是怎麼回事」，根本無從有效地討論「應該怎麼做」。

如上所述，擁護傳統經濟學理論的主張，可以說是潰散瓦解。

什麼是行為經濟學？

什麼是行為經濟學？學者間其實也沒有一致的定義，但行為經濟學可以說是探討以下主題的學問：真實的人類是如何採取行動的？為什麼會哪樣做？那樣的行為會帶來什麼結果？換言之，行為經濟學的目的是，系統性地研究人類行為的真實面貌、行為的原因、人的行為對經濟社會的影響，以及控制大眾

行為的相關政策。

　　行為經濟學並不是開拓新的研究對象或領域，而是從新的觀點研究經濟，也就是說，是新的研究計畫。就這個意義上來看，行為經濟學的研究領域與既有的經濟學是一樣的，可以說具有「舊酒裝新瓶」的性格。

　　雖然行為經濟學否定人類的理性、自制力、利己心，但也不意味人類是完全不理性、沒有自制力、非利己的。行為經濟學只不過是否定完全理性、完全自制、完全利己的假設而已。

　　也有人反駁：「人類的理性只有一種，但不理性卻有好多種，這樣無法理論化。」但其實行為經濟學所謂「不理性」，並不是無厘頭或隨機的行為，而是因為偏離了經濟人的理性標準，所以是不理性的。然而，這些不理性的行為具有一定的特質，因此是可預測的，而且對經濟的影響很大。

　　康納曼在獲頒諾貝爾獎時，所發表的感言當中提到：「我們嚴正否定，把我們（康納曼和特沃斯基）的工作看作『為了證明人類是不理性』的說法。捷思（heuristics）和偏誤（bias）的研究，只是否定理性這個不切實際的觀念而已。」

　　這裡所謂的「捷思和偏誤」指的是，不理性的人類在決策時，所依據的簡便、優先使用的方法，以及由此產生的判斷和決策的偏差。這個部分將於第 3 章詳細討論。

　　此外，行為經濟學也不認為人類完全利他、完全不追求私利。如同我們將在第 8 章看到的，「徹底追求私利的利己人」與「經常為他人著想的利他人」是共存的。而且，個體隨著不

同的場合或情況，可能會做出利己或利他的不同行為。關於利己行為，雖然研究尚不充足，但行為經濟學否定「所有人都是只追求物質利益」的前提。

　　為了更加了解人類在實際情況時是如何決策行為，行為經濟學運用過去經濟學不常使用的方法，例如：實驗、田野觀察、電腦模擬，甚至是分析大腦造影。

　　此外，想闡明人類為何會採取那樣的行動，演化論的見解是一大利器。人類也是動物，無法逃脫演化和淘汰的影響。如此一來，人類應該會出現各種不同的認知和社會的特質。

　　過去都是以理性人類為前提，來制訂經濟、社會政策、各種企業等組織的內部策略。行為經濟學認為，我們必須思考，在人類有限理性的情況下，應該如何擬訂上述政策或策略。行為經濟學企圖為實證、理論、政策，這些應當作為經濟學研究對象的所有領域，帶來新的觀點。

　　行為經濟學受到，以人類為研究對象的眾多學問極大的影響和啟發，尤其是認知心理學、社會心理學、演化心理學、社會學、倫理學、哲學、人類學、演化生物學、行為生態學，甚至生理學與腦神經科學等，是一門相當跨領域的學問。第 9 章將介紹，演化生物學和腦神經科學對行為經濟學的影響。

經濟學和心理學原為一體

　　行為經濟學受到心理學的影響甚大，尤其是認知心裡學。而只以經濟人，而非現實人類行為作為研究對象的傳統經濟學，當然跟心理學分析的關係疏遠。

　　然而，傳統經濟學那種傾向的確立是相對近期的事情，其實原本經濟學跟心理學的關係相當密切。在經濟學確立的 18 世紀，心理學尚未成為一門獨立的科學，當時的經濟學家可以說身兼心理學家。

　　亞當・斯密（Adam Smith）在其著作《國富論》（*The Wealth of Nations*）中寫道：「我們每一個人總是高估獲利的機會，而大部分的人也老是低估損失的機會。」他提到風險和不確定性對人類經濟行為的影響，並指出違反理性的心理因素的重要性。

　　此外，眾所皆知，也如斯密首本著作《道德情感論》（*The Theory of Moral Sentiments*）的書名可以窺見，他所強調的是自制力、同理心、利他心。即便如此，後人卻認為斯密主張追求自身利益的「利己心」才是人類的本性，那才會帶來真正理想的結果。

　　斯密的確說了以下這段話：「我們能指望吃上一頓飯，並不是因為肉販、酒商、麵包師傅的仁慈善心，而是來自於他們對自身利益的關心。我們呼喚的，不是他們對眾人的愛，而是他們對自己的愛；我們和他們談論的，絕對不是我們的需求，

而是他們自身的利益。」

斯密那段話談論的是分工和市場運作，並不是呼籲我們應該要有自利之心（＝利己），也不是在強調唯有愛自己才是最重要的。然而，現今利己的概念已偏離了斯密的原意。

問題當然不是出在斯密身上，應該是在傳統經濟學成立的歷史過程中，經濟學和心理學分道揚鑣的關係吧。如沈恩的見解：「斯密對動機和市場的複雜見解遭到誤解，以及情緒和行為的倫理分析受到忽視，呼應了倫理學和經濟學隨著現代經濟學的發展而分離的現象。」這裡把「倫理學」換成「心理學」一點也不奇怪。

繼斯密之後，也有不少經濟學家洞察到真實人類心理的重要性。

阿爾弗雷德‧馬歇爾（Alfred Marshall）在其主要著作《經濟學原理》（*Principles of Economics*）的開頭論道：「經濟學研究人類日常生活中的行為。特別是探究人的個體行為與社會行動當中，與取得及享有福利的必備物質條件有密切關係的行為。」他將經濟學論為一門心理科學、人類科學。

「經濟學一方面是關於財富的研究，另一方面，更重要的是，它是關於人類的研究。」

另一位將人類的心理因素，納入經濟學研究的傑出學者就是凱因斯（John Maynard Keynes），他對於人類的不理性，會對經濟行為和經濟的運作帶來極大影響的觀點鋒芒畢露。在凱因斯的著作《就業、利息與貨幣的一般理論》（*The General*

Theory of Employment, Interest, and Money，以下簡稱為《一般理論》）當中，可以看到許多他對人類行為獨具慧眼的見解。例如，凱因斯在該書裡不斷重複並強調，認知偏誤、互惠性、公平、群眾行為、社會地位、情緒，與野心等心理學和社會學實際扮演的角色。以上部分概念也將於本書後面的章節討論。

　　賽門曾說，他雖然無法理解凱因斯的《一般理論》，但是他非常欣賞書中，企業家擁有「動物本能」（animal spirit）的說法。

　　此外，海耶克（Friedrich von Hayek）、范伯倫、歐文・費雪（Irving Fisher）等經濟學家的著作中，都可以看到許多來自心理學觀點的洞見。范伯倫是制度經濟學派的知名學者，所謂的制度是指：「個人和社會的特定關係，與特定功能相關的支配性思考習慣」。而海耶克的著作《感覺的秩序》（*The Sensory Order*），幾乎可以說是進入了心理學的領域。

　　在那之後，美國出現了一位自稱經濟心理學家的學者——喬治・卡通納（George Katona）。他的主要著作《經濟行動的心理學分析》（*Psychological Analysis of Economic Behavior*）論道：「我們想知道的是人類的行為，也就是消費者和經營者的動機、態度、期望、憂慮等因素，與繁榮、通貨膨脹、景氣衰退等現象的發生，這兩者之間有何種關係。藉此，我們應該可以學習到，如何緩和並避免經濟的不穩定。」他在經濟要素和心理要素的相互關係上，投注了高度的關注。

　　然而，卡通納的研究並沒有太大的影響力，甚至落得遭受

社會學家尼爾‧史美舍（Neil Smelser）嚴厲批評：「整體來說，卡通納沒有提出任何與消費行為有關的一般性理論。」

有限理性的先驅：奇才賀伯‧賽門

在那之後，嘗試將心理學的概念運用到經濟學的人，除了少數例外，幾乎沒有。在那樣的潮流下格外引人注目的是，1978 年諾貝爾經濟學獎的得主賀伯‧賽門。

在現代經濟學者當中，對經濟人的假設發出最強烈的反對聲音，鼓吹應建構替代理論的學者就是賽門。賽門多才多藝，他最初是取得政治學博士學位，爾後投入企業管理學、組織學、電腦科學、人工智慧、認知科學、經濟學等研究，並且對那些領域帶來了重大的影響。

他是最早從人類認知能力有限的觀點，對傳統經濟學的理性假設進行系統性批判的經濟學家。他認為人類無法達到完全理性，並提出「有限理性」（Bounded rationality）的概念，主張經濟學應該要研究的是有限理性的人類。此外，他也陸續提出獨具創新的概念，例如：真實人類並不是依據最佳化基準做決策，而是依循「滿意度」（satisficing）原理，選擇達到一定水準以上的選項；理性不是選擇的結果，應當探討的是選擇的過程和方法，也就是「程序理性」（procedural rationality）。

此外，賽門重視演化對決策的影響，可說是決策理論的先驅。他主張，在探究人類的決策行為時，不可忽視情緒的影響

力，此可謂為劃時代的見解。一般來說，社會科學傾向於重視人類的理性和意志力，或是社會對個人的影響，因此賽門應該是社會科學家當中，最早主張情緒的重要人物吧。另外，賽門關於利他性的探討也獨具創新。

但可惜的是，當時賽門的主張並未受到其他經濟學者所接受。因此，賽門的成就可以說是，經濟學和心理學破鏡重圓的預兆，但並未在當時開花結果。

那時，正好是現今傳統經濟學進入確立期的階段，以物理學作為典範，一般均衡理論之類的嚴密數學分析大受歡迎的時代，一批數理經濟學家因此活躍，例如：約翰・希克斯（John Hicks）、保羅・薩繆森（Paul Samuelson）、肯尼斯・阿羅（Kenneth Arrow）等。雖然賽門的論點非常有說服力，卻僅止於概念、觀念上的層次，難以化為可操作的模型，因此未能在傳統經濟學者之間廣為流傳。就如萊茵哈德・澤爾藤（Reinhard Selten）所說的，偏好數學理論的經濟學者，難以容忍「無定理的理論」。

也就是說，雖然賽門的主張，其正當性和重要性已獲得大家的承認，但因為未能充分解釋「不理性」和「非利己性」的理論及模型，使得其他經濟學家無法正視。

賽門於 2001 年逝世，但可以說行為經濟學完全繼承了賽門研究的思想。他曾說道：「了解人心的特質，是建構茁壯的社會制度、社會行為、經濟學、政治學理論時不可或缺的條件。經濟學以人類理性作為先驗假設，打馬虎眼近兩個世紀。但那

樣的假設已經不切實際，必須由與人類心理相關、更具真實性的理論取代。」

在現代經濟學史當中，屏除如賀伯・賽門、喬治・艾克羅夫（George Akerlof，2001 年諾貝爾經濟學獎得主）、阿馬蒂亞・沈恩（1998 年諾貝爾經濟學獎得主）、湯瑪士・謝林（2005 年諾貝爾經濟學獎得主）等部分奇才之外，並未出現其他特別關注經濟學和心理學的經濟學者。

認知心理學的誕生

行為經濟學是經濟學和心理學破鏡重圓後誕生的研究領域，心理學也有出現相似的推進過程。那個推進過程的核心是，創始於 1950 年代，現在稱為認知心理學或認知科學的研究領域。

認知心理學其實有正式的誕生日，那天是 1956 年 9 月 11 日。因為那一天，在麻省理工學院舉行的研討會上發表了三篇重要的論文，開啟現今認知心理學的大門。順帶一提，那三篇論文當中，包含了賀伯・賽門與他的研究夥伴艾倫・紐厄爾（Allen Newell）所發表的，關於「一般問題解決器」（general problem solver）的人工智慧程式論文。那是運用電腦證明數學定理的嶄新研究成果。

認知心理學在那天戲劇性地誕生，為後世稱為「認知革命」（cognitive revolution）。有別於過去心理學的主流：「人類會

對刺激起反應的『刺激反應模式』」，認知心理學將理論架構徹底改變為「人類是資訊處理者」，這點是劃時代之舉。

在那之後，認知心理學受到演化論的影響，延伸出演化心理學；與腦科學交流，促成認知神經心理學的誕生。這些分支學門也對行為經濟學帶來相當大的影響。

行為經濟學的建構

在這樣的潮流當中，心理學的其中一門分支決策理論也受到認知革命的影響。衍伸出的學科名為行為決策理論（behavioral decision theory），其源頭可回溯到 1950 年代的心理學家沃德・愛德華茲（Ward Edwards）。到了 1970 年代，認知心理學家針對判斷和決策的問題，運用了實驗展開許多研究。

其後，除了特沃斯基、康納曼之外，其他如保羅・斯洛維克（Paul Slovic）、巴魯克・費斯科霍夫（Baruch Fischhoff）等認知心理學家也陸續展開研究，認知心理學逐漸對經濟學帶來影響。

雖然行為經濟學沒有正式誕生的日子，但 1979 年應該可以視為「行為經濟學的元年」。因為在那一年，獲評選為世界頂級學術期刊的《經濟計量》（*Econometrica*），刊載了康納曼和特沃斯基兩人開創性意義的論文〈展望理論〉（Prospect Theory）。行為經濟學從誕生至今只有三十多年的歷史，是相

當年輕的學術領域。

在那之後，認知心理學家的研究浪潮再加上經濟學家理查·塞勒，經濟學家和心理學家攜手合作，確立了行為經濟學這個學術領域。

行為經濟學的主要推動者，除了塞勒以外，還可以列舉出以下學者，例如：經濟學出身，在各個行為經濟學領域展現創意，加州大學柏克萊分校教授馬修·拉賓（Matthew Rabin）；心理學出身，可以說是行為賽局論的創始人，加州理工學院教授柯林·坎麥爾；心理學出身，探究行為經濟學各個領域，卡內基美隆大學教授喬治·羅文斯坦（George Loewenstein）；針對社會行為，進行許多具獨創性的實驗研究，原任教於瑞士蘇黎世大學的勞動經濟學者恩斯特·費爾（Ernst Fehr）。

此外，也不可不提，在加入行為經濟學陣營之前就相當知名的聖塔菲學院薩繆爾·鮑爾斯（Samuel Bowles）和赫伯特·季廷斯（Herbert Gintis）。他們尤其著重演化論的觀點，針對人類的社會行為進行獨具創見的研究。

如此強調行為經濟學多麼受到認知心理學的影響，可能有人會問：「那行為經濟學是認知心理學的一部分嗎？只不過是認知心理學的應用罷了？」針對這樣的疑問，答案是否定的。

行為經濟學的目標，不是全面放棄或拆解傳統經濟學，從零開始建構新的經濟學，而是以經濟學長期累積下來的豐碩理論為基礎，引進認知心理學的研究成果，進而改善理論。

與實驗經濟學的差別

　　實驗經濟學家弗農・史密斯（Vernon Smith）與康納曼共同獲得 2002 年諾貝爾經濟學獎。實驗經濟學這門學問的名稱是來自其研究方法，而非研究對象。運用過去在經濟學不為人所熟悉的實驗方法去檢證經濟理論，是實驗經濟學的目的。

　　行為經濟學也經常使用實驗方法，但那只不過是其中一種重要的研究方法而已。就這個意義上，雖然行為經濟學從實驗經濟學借用了不少概念，但最好將兩者視為不同的東西。

第二階段的行為經濟學

　　雖然行為經濟學是一門新的學問，但是如馬修・拉賓所說，現在行為經濟學進入了「第二階段」。行為經濟學已結束起飛前的滑行過程，正處於往天空不斷爬升的狀態。

　　一般而言，違反既有的理論和典範的實例稱為異例（anomalies）。而行為經濟學的第一階段，便是著眼於傳統經濟學下的異例，系統性蒐集可證明人類並非經濟人的證據。現在，藉由實驗方法和日常觀察，已蒐集到的異例數量可以說是不勝枚舉。

　　第二階段的目標則是，系統化、理論化人類不理性的行為，分析這些行為對經濟的影響，接著對政策規畫提出建議。

　　行為經濟學研究應該注意的是，異例的積累若僅止於單純

的事實堆疊，則沒有意義，要讓異例有意義，就必須讓它們帶來創造新理論的契機。

事實可以累積歸納出理論，也可以反過來利用事實檢證理論，但無論如何，都必須將亨利・龐卡赫（Henri Poincaré）在《科學與假設》（*Science and Hypothesis*）中所說的警句謹記在心：「科學是建立在事實之上，就如同房子是用石頭所建造；但如同房子不僅是一堆石頭而已，僅有一堆事實也不是科學。」

| 第 2 章 |

人類依據有限理性行動

理性決策的艱難

無論是生還是死，各種情況都參雜著偶然的因素。
問題就在於該如何計算它們。

——統計學家達萊爾・赫夫（Darrell Huff）
《如何賭一把》（*How to Take a Chance*）

> 正因為人類會犯錯，才使得人類值得我們去愛。
> ——詩人歌德（Johann Wolfgang Goethe），
> 《格言與反思》（*Maximen und Reflexionen*）

挑戰你的機智！蒙提霍爾困境

致瑪麗蓮：女人對數學問題的見解，可能就是跟男人不一樣吧。

致瑪麗蓮：我還是覺得你錯了，女人果然好辯。

收到唐這樣的來信，瑪麗蓮這樣回信給他：

致唐：請你閉上嘴吧。

瑪麗蓮就是瑪麗蓮‧莎凡特（Marilyn vos Savant），她擁有地球上最高的智商 IQ228，是登上《金氏世界紀錄大全》的知名才女。

瑪麗蓮在《漫步》（*Parade*）雜誌上，撰寫相當受歡迎的專欄「請問瑪麗蓮」，她在專欄回答讀者的各種問題；而其中一位讀者寫信給瑪麗蓮，向她請教了本書第 1 章的問題 1（請參見第 13 頁）。

這個問題簡單來說如下。

有三扇門，只有一扇門有大獎。你選擇了一扇門之後，接著對方打開另外兩扇門當中沒有大獎的一扇門，現在你獲得換門的機會。這個時候，你是否選擇更換呢？

那個問題跟在美國播出將近三十年的電視節目《來做個交易吧》（Let's Make a Deal）上，實際出現過的問題幾乎一模一樣。問題取自節目主持人的名字，因此稱為「蒙提霍爾問題」（Monty Hall problem）。

針對此問題，大部分的人都回答「不選擇更換」。

他們不更換的理由是，最初選擇 A 號門，現在知道 C 號門沒有大獎，A 號門和 B 號門中獎機率分別為二分之一，換門沒有好處，所以不換。如果是你，你會怎麼回答呢？筆者詢問過我的學生，大多數都跟前面的回答相同。

但這個回答是錯的，「選擇更換」才是對的，因為換門猜中的機率會提高到三分之二。這個正確答案可能讓人感到意外，但看了以下的說明應該就能理解為什麼。

首先，A 號門的中獎機率是三分之一，B 號門或 C 號門的中獎機率是三分之二；得知 C 號門沒有人獎後，B 號門的中獎機率就會變成三分之二，所以選擇更換比較好。如果這個說明還是很難懂的話，請參考下一頁的表格來思考。

現在為下表三種情況當中的其中一種，當你選擇 A 號門，沒有大獎的門一定會被打開。在第①種情況下，選擇更換就會猜錯；而在第②種情況下，選擇更換會猜中；在第③種情況下，

選擇更換也會猜中。也就是說，三種情況當中的其中兩種情況，選擇換門就會猜中，所以換門猜中的機率是三分之二。

	A	B	C
①	猜對	猜錯	猜錯
②	猜錯	猜對	猜錯
③	猜錯	猜錯	猜對

讓我們反過來思考不換門的情況。

在第①種情況下，不換門就會猜中；在第②和第③種情況下，不換門就會猜錯，猜錯的機率是三分之二；因此，若選擇不更換，猜錯的機率是三分之二。

在《漫步》雜誌的「請問瑪麗蓮」專欄上，瑪麗蓮當然是回答：「請更換」，只不過她的說明方式比上述更簡單。

然而，這個回答一刊登出來，指責瑪麗蓮答錯的抗議信件從美國各地蜂擁而至。抗議者當中，除了唐以外，甚至不乏有數學博士學位的研究者和大學數學系教授，因而引發熱議。抗議的聲音多半主張，換門猜中的機率是二分之一，認為瑪麗蓮的答案是錯的。這個問題就連世界學術史上最多產，畢生論文發表數量超過一千五百篇，風格特立獨行的傳奇數學家保羅‧艾狄胥（Paul Erdős）也搞錯了。我們日本的知名經濟學家也答錯了。

機率好難懂

看來我們相當不擅長理解機率。演化心理學家羅賓・鄧巴（Robin Dunbar），在其著作《科學帶來的麻煩》（*The Trouble With Science*）曾說道：「人類並未演化出仔細計算機率的能力，因為我們沒有非常迫切的需求。」

接著，請試著思考以下的問題。

隔壁搬來了一戶人家，你知道他們有兩個小孩，但不知道是男生還是女生。

問題 1

你問隔壁鄰居的太太：「你們家有女兒嗎？」她回答：「有。」鄰居另一個小孩也是女兒的機率有多少？

世界上男女數量各半，容易讓人覺得答案是二分之一，但正確答案卻是三分之一。小孩有四種組合，分別為女女、女男、男女、男男；其中一個小孩是女兒，所以不會是男男的組合。因此，這一家人的小孩組成應該是，「女女、女男、男女」三種組合當中的其中一種，在另一個小孩也是女兒的情況下，其機率為三分之一。

下一個問題有點不太一樣。

問題 2

　　你向隔壁鄰居的太太問道：「你們家老大是女兒嗎？」她回答：「是。」鄰居另一個小孩也是女兒的機率有多少？

　　這題的答案看起來跟問題 1 一樣，但並非如此，正確答案是二分之一。倘若老大是女兒，小孩的組成只會有女女、女男。老二也是女兒的情況只有一種，所以另一個小孩也是女兒的機率是二分之一。

　　下一個問題也很相似，但又有點不一樣。

問題 3

　　你看到隔壁鄰居太太，帶著一個女兒走在路上，鄰居另一個小孩也是女兒的機率有多少？

　　問題 3 的正確答案是二分之一。你所知道的資訊跟問題 1 幾乎相同，但這個答案卻給你一種說不上來、矛盾的感覺。然而這題和問題 2 一樣，因為看到其中一人為女兒，所以另一個小孩不是女生就是男生。也就是說，鄰居另一個小孩也是女兒的機率是二分之一。

人會遵循貝氏定理嗎？

接下來續談第 1 章的問題 2，也跟機率有關（請參見第 14 頁）。

如果接受一個傳染病的篩檢，此篩檢的信度為 99％，如果檢查結果為陽性，大部分的人應該會覺得得到這個傳染病的機率是 99％吧。結果讓人非常絕望，但這個直覺也是錯的。

假如得到這個傳染病的機率是萬分之一，100 萬人當中會有 100 位感染者。而篩檢的信度為 99％指的是，100 位感染者當中，有 99 位的檢查結果會呈現陽性。

意思是，100 萬人當中有 99 萬 9900 人沒得病，但接受篩檢的人當中會有百分之一的機率被誤判為陽性。也就是說，99 萬 9900 人的非感染者當中，有 9999 人被誤判為陽性。

如此一來，被判斷為陽性的為 99 ＋ 9999 ＝ 10098 人，在這當中「感染疾病且檢查結果為陽性的人」有 99 位，所以：

$$\frac{\text{感染疾病且檢查結果為陽性的人}}{\text{檢查結果為陽性的人}} = \frac{99}{10098} = 0.0098$$

檢查結果為陽性，且實際感染疾病的機率僅有百分之一。

實際感染的機率為百分之一，跟最初的萬分之一相比差了 100 倍，但實際未感染的可能性卻比之前高出 99 倍，一掃前面

的絕望，出現無限的希望。倘若這是品質檢驗的結果，即便被判斷為瑕疵品，也無須立即報廢商品，最好再檢查一次。

這裡所運用的計算機率方法叫作「貝氏定理」（Bayes theorem）。貝氏定理可以幫助我們，在已知發生機率的先驗資訊（在此例即為感染率），並獲得某個新資訊（篩檢信度）的時候進行調整，以獲得合理的現象發生機率。康納曼和特沃斯基認為，人們在這種情況下，有忽略先驗機率的傾向。如果是經濟人，應該可以依循貝氏定理推斷出結論，即使被判定感染結果為陽性，也不會有所動搖吧。

這是一種「忽略基本率」的機率謬誤，又稱為「基本率謬誤」（base-rate fallacy）。這個謬誤指的是，在判斷機率時，我們容易忽略現象占全體的比例（基本率）。

請試著思考以下情況。

「調查某間小學的冬季感冒人數發現，感冒的人有99％是12歲以下的兒童，所以兒童容易得到感冒。」大家看了應該會覺得，這不是廢話嗎，小學本來就是兒童占多數不是嗎？沒錯，如果是這樣的表達方式，大家都不會忽略基本率。

但是在傳染病的問題，大家卻容易忽略了基本率。這個估算傳染病機率的問題，是康納曼和特沃斯基設計並實驗的問題，在那之後陸續出現了各種相似的實驗。

這個忽略基本率的謬誤會在第 3 章再次討論。

邏輯推論

你解出第 1 章的問題 3 了嗎？（請參見第 14 頁）

問題 3 是，四張寫著 E、K、4、7 的卡片當中，為驗證「母音卡片的反面一定是偶數」的規則是否成立，你必須確認哪幾張卡片的背面呢？這是一道簡單的邏輯問題，正確答案是卡片 E 和 7。

但這個問題也有點難以理解。典型的錯誤答案是，只翻開卡片 E，或是選擇卡片 E 和 4。正確答案當然有卡片 E，但還必須確認卡片 7 的背面；假如卡片 7 的背面是 A 的話，就違反了規則，但卡片 4 的反面是什麼英文字母都無所謂。

運用形式邏輯的換質換位律（contraposition，又作異質位換律），便可以輕鬆找出答案。如果有個命題是「若 P，則 Q」，則其對偶命題就是「若非 Q，則非 P」。若原本的命題為真，則對偶命題也必定為真；相反的，若對偶命題為真，則原本的命題也為真。若將此規則應用在這個問題，「倘若卡片某一面為母音，則另一面為偶數」，其對偶命題就會是「倘若某一面非偶數（即奇數），則另一面非母音」，想確認命題是否為真，就必須翻開卡片 7，確認其背面是不是非母音。

這個問題稱為「四張卡片問題」，是心理學家彼得‧華生（Peter Wason）所設計的。

有許多研究者針對不同的受試者實施實驗，但答對率大多在 10% 以下。筆者也以學生為對象，進行了數次實驗，答對率

為 15%。只不過，答對率較高的原因在於，受試者是大學入學考試時選考數學的學生，不知道是該高興還是不該高興……

雖然這裡所運用的推論方法，僅是基本的邏輯學，但我們人類似乎不太擅長這種邏輯推論。

但這種問題，在日常生活當中幾乎不會出現，我們也不太擅長，依循平時不常使用的形式邏輯進行推論。然而，倘若推論問題跟日常生活關係密切的話，答對的比率就會大幅提升，這部分我們將在第 9 章討論。

選美賽局

第 1 章的問題 4 是，從 1 到 100 之間選擇一個喜歡的整數，當那個數字最接近全體平均值三分之二時便獲勝（請參見第 15 頁）。這個問題的難處在於，必須合理推測出其他人的想法。若推測正確，我們應該可以說那個人是理性的吧。

好，在這個問題中，全部的人都隨機挑選數字時，平均值會是 50。然後，50 的三分之二會是 33，但假如大家都這樣判斷的話，想要勝出就要猜 33 的三分之二值，也就是 22。但假如大家又都做出同樣的推論的話，就必須挑選最接近 22 的三分之二值，也就是 15，才有辦法贏。可是若大家都猜這樣，選 15 就無法獲勝，所以選 10 的話會贏嗎？按照這樣的邏輯推論下去，數字會越來越小，7、5、3……到最後，如果不是猜 1，就無法獲得勝利。

　　假如所有人都是理性的，應該會有同樣的推論，最後大家都猜 1，人人都是贏家。這個預測是以理性為前提假設。也就是說，若推測他人想法的思考未能達到八個層次，便無法找出正確答案。而且另一個難點是，所有人都這麼理性嗎？換句話說，必須推測其他人會思考到哪個層次。各位讀者是否找出正確解答了呢？

　　其實這是個舊酒裝新瓶的問題，修改自凱因斯知名的選美理論。

　　凱因斯在《一般理論》一書當中，將投資股票比喻成選美。以下引用凱因斯的說明，引文有點長，但可以看出他敏銳的洞察力。

　　投資就像是報紙的有獎選美投票。投票人從一百張照片當中選出最美的六個人，選出的選項最接近整體平均喜好的人，便可獲得獎品。這個時候，投票人要選的不是自己覺得最美的臉蛋，而是必須選擇其他投票人最有可能喜歡的臉蛋，而且每位投票人都有著相同的想法。因此，這裡的問題不在於，依據自己最佳的判斷，選出真正最美麗的臉蛋，也不是選出一般人覺得最美的臉蛋。當我們能將腦力集中在，預測平均意見對平均意見有何期待的時候，我們便達到第三個層次的思考。我相信有些人還能做到第四個、第五個，甚至更高層次的預測。

　　那麼，若實際執行問題 4 會怎麼樣呢？坎麥爾針對高中生、

大學生、研究生、大學的董事、投資人、經理、企業老闆等人進行了這個實驗。此外，塞勒與其他研究者合作，邀請英國新聞媒體《金融時報》（*Financial Times*），以及西班牙財經雜誌《拓展》（*Expansión*）的讀者參與實驗，以回郵的方式回答問題。

各組回答的平均值為 25 到 40，平均值最小（15 到 20）的組別是入學考試難度極高的加州理工學院學生，以及新聞報紙的讀者。會有這樣的結果，應該是因為前者為擁有高度分析能力的理科學生團體，而後者與其說是代表報紙讀者，不如說是特別關心這類問題並擁有相關知識的人。另一方面，包含大企業老闆和董事等人的企業老闆組，他們應該是對區域經濟的影響力最大、「最理性」的一群人，但成績卻是最糟糕的。

筆者針對選修「個體經濟學」的短期大學[1] 兩百零一名大一生，進行了幾乎一模一樣的實驗。實驗結果的平均值為 24，而最接近平均值三分之二的整數為 16，回答 16 而獲勝的人共四名（獎賞並非獎金，而是課程評分時加 5 分）。我訪談了幾位回答的數值落在 16 前後的人，他們表示思考時進行了三個層次的推論。雖然也有三個人猜 1，但很可惜的，他們並沒有明確的推論依據。

1　短期大學，是日本 2 年制的專科學校，除了醫療技術、護士科為 3 年制。

最後通牒賽局

第 1 章的問題 5 是自己和陌生人分 1000 元的分配問題。對方擁有否決權，結果可能是按照你的提案分配，或是兩人一毛錢也拿不到（請參見第 15 頁）。這稱為「最後通牒賽局」（ultimatum game）。

問題 5 沒有絕對正確的答案，但如果你是理性的經濟人，而且預想對方也是理性的經濟人，正確答案是自己拿 999 元，然後只給對方 1 元。若對方也是理性的經濟人，他會認為 1 元總比 0 元好，只要你的提案金額是 1 元以上，應該就不會拒絕。你準確地預測了這些事情，而自己拿到金額越多越好，因此分配 999 元給自己，1 元給對方。

你是否滿意這個答案呢？

這個賽局的問題單純，無須擔心參與者誤解，因此廣為大家所實驗，並有諸多相關論文公開於世。早期實驗參與者多為學生，後來實驗對象擴大至社會大眾。公司社長會怎麼選擇；男女之間是否有差異；以兒童為測試對象；如果實驗金額比好幾個月的薪水還多的話，結果會怎樣；嘗試跨國比較；不只是資本主義社會，狩獵採集社會的人會採取什麼樣的行動呢；如果不是個人，而是團體的話又會怎樣呢；幾乎所有想得到的類型都實驗過了。然而，所有的實驗幾乎呈現相似的結果。採取和理性經濟人相同行動（提案 1 元）的人少之又少，大部分的人都想把提案金額的 30%～ 50% 給對方。

　　筆者針對四十名學生進行了實驗，結果平均提案金額為482元，提案500元的學生最多，提案金額未滿500元的人不到四分之一，而且最低金額為250元。

　　大家並沒有像傳統經濟學所預想的「採取利己」行動。雖說如此，我們也不可以因此輕易做出「人非利己」的結論。

　　這個議題以及最後通牒賽局，我們將在第8章詳細討論。

賽局理論與理性

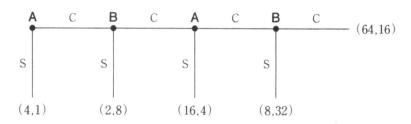

圖2-1　蜈蚣賽局

　　接著請思考如上圖2-1的賽局。這個問題是，人類實際的行為，是否跟賽局理論預測的一樣理性。

　　這個賽局有 A、B 兩名參賽者，他們輪流在各局做選擇，並於各局決定兩人的分配額。

　　一開始由 A 進行選擇，若 A 選擇「合作」（C），下一局就換 B 做選擇，若 A 選擇「不合作」（S），則 A 獲得 4，B 獲得 1 的利得，然後賽局就此結束。

　　圖 2-1 的（4，1），括號裡左邊的數字 4 代表參賽者 A 的利得，而右邊的數字 1 則代表參賽者 B 的利得。

　　假如 A 一開始選擇合作，下一局就換 B 做選擇，那個時候 B 同樣必須在合作和不合作之間做選擇。如果 B 選擇合作，則下一局就換 A 做選擇；如果 B 選擇不合作，則兩人分別獲得（2，8）的利得，結束賽局。圖2-1 的賽局到達第四階段結束。

　　這個賽局不斷往右延伸，就像是有許多腳的蜈蚣，因此稱為「蜈蚣賽局」（centipede game）。

　　假如 A、B 兩位參賽者，都是理性且追求私利的經濟人，這個賽局會在哪裡結束呢？也就是說，哪位參賽人會在哪個階段選擇「不合作」呢？

　　賽局是從 A 開始，所以請從 A 的立場思考。

　　假如賽局進行到最後的第四階段，我們可以合理推測，B 應該會選擇不合作。因為 B 是理性的經濟人。如果選擇合作，B 的利得是 16；假如選擇不合作，則 B 的利得為 32。

　　A 預測會有這樣的結果，因此在前一個階段，也就是第三階段就選擇不合作。因為停在第三階段 A 的利得是 16，而選擇合作的話，如前面所推論的，A 的利得會減至 8。

　　B 也是理性的經濟人，當然知道會演變成那樣。所以在那之前，於自己的那一局第二階段停止的話，利得只有 8；倘若進行到第三階段，利得只有 4，因此在第二階段就選擇停止。

　　而 A 當然也看穿對方的想法，選擇合作到達第二階段，利得會減至 2，所以在最初就選擇不合作，如此一來利得為 4。

於是我們可以預測，這個賽局會以 A 利得 4、B 利得 1 的結果結束。

這種推論方法叫作「反向推理」（backward reasoning），因為並非從起點開始，而是從最後的分歧點開始往前推論。

這個推論方法雖然合乎邏輯，但是卻不合乎直覺。只要到達最後階段，兩人可獲得 16 倍的利得，為什麼選擇放棄合作，得到（4，1）的利得就滿足了呢？最後得到這樣的結果，可以說合乎理性嗎？身為理性的經濟人難道不覺得可恥嗎？大家應該很想這樣問吧。

理查‧麥卡維（Richard McKelvey）和湯瑪士‧帕菲力（Thomas Palfrey）針對這個賽局實際做了實驗。結果各階段結束的比例依序為 7％、36％、37％、15％，選擇繼續到達最終階段的僅有 5％。理性主義者的預測似乎錯得離譜。

這個賽局是知名的「囚徒困境」（prisoner's dilemma）的動態版。兩者差異在於，囚徒困境是兩名參賽者同時行動，而蜈蚣賽局則是參賽者輪流進行選擇。蜈蚣賽局這種賽局，也稱為輪流行動賽局（或稱動態賽局）。

我想許多讀者應該都知道什麼是囚徒困境，但為慎重起見，簡單說明如下。

囚徒困境

這個賽局名叫囚徒困境，聽起來不太實際，但其名稱是源

自於以下賽局的故事背景。

　　嫌犯 A 和 B 因犯罪遭到逮捕，接受檢察官的偵訊。檢察官把 A 和 B 帶到不同的房間進行偵訊，並分別跟他們這樣說道：

　　「招供吧。如果你招供，而對方保持緘默，你將因為協助警方調查無罪釋放，而對方則是 8 年有期徒刑；若對方招供，而你保持緘默，結果會完全相反。如果你們兩個人都保持緘默，則兩人皆以其他較小的罪名關 1 年；若兩人都招供，則將之理解為你們懺悔反省，分別判處 5 年有期徒刑。」

		B	
		緘默	招供
A	緘默	（－1，－1）	（－8，0）
	招供	（0，－8）	（－5，－5）

表 2-1　囚徒困境

　　將上面那段話簡化為利得，如表 2-1 所示。數字為刑責年數，因利益為負，所以用負數表示。跟前面的例子相同，括號裡前面的數字代表 A 的利益，後面的數字代表 B 的利益。

　　那麼嫌犯 A、B 該如何選擇呢？

　　首先，讓我們站在 A 的立場來想。如果 B 保持緘默，自己也保持緘默的話，兩人都是關 1 年，但如果招供便可以無罪釋放，所以招供比較好。

　　如果 B 招供的話，A 會怎麼選擇呢？如果 A 保持緘默，則

自己必須關上 8 年，但招供只要關 5 年，所以招供比較好。也就是說，無論 B 的態度為何，A 都會選擇招供。

這個邏輯套在 B 身上也一樣，所以 B 也會選擇招供。結果兩人都招供，難兄難弟分別被判處 5 年有期徒刑。明明兩人都保持緘默的話，只會被關 1 年……

這個賽局跟蜈蚣賽局是相同的結構：理性的推論沒有帶來最大效益，反而招致最壞的結果。

將賽局中的兩種策略「緘默」和「招供」，替換成「合作」和「背叛」，若利得結構相同，便可代表現實社會的合作關係。

舉例來說，兩人在工作上選擇合作，可獲得豐碩的成果，但兩人在其他工作上偷懶、搭便車，可以獲得更多的利益，理性的經濟人當然會選擇背叛。

但心理學家和經濟學家的實驗顯示，大約有 30％～ 70％的人會選擇合作。

囚徒困境不僅限於經濟學，也吸引心理學、社會學、政治學、生物學等眾多學者的關注。

人是理性的嗎？

看了以上的討論，應該會覺得人類一點也不理性吧。因為對於傳統經濟學以理性為前提的經濟人而言，大部分的人們都會做出難以置信的選擇。

但在此我必須強調，即便答錯本章所列舉的問題，做出和

理性經濟人不同的決定，也不可以因為這些事實就妄下「人類都是不理性」的定論（實際上也真的有論文這樣主張），這很明顯是錯誤的。

　　人類雖然並非完全理性，但理性決策能力還算可以；就這個意義上，用「有限理性」來形容人類應該是最恰當的。這個部分將於下一章之後詳細探討。

人類的優異能力

　　上述都是人類無法做出好判斷、錯誤判斷的例子，可能會讓人覺得那些彷彿就像是在闡述人類有多笨、多麼不理性。

　　只看不好的面向，對人類太失禮了，這裡也讓我們反過來看看人類的優異能力。

圖 2-2

你覺得圖 2-2 看起來像什麼？

沒錯，就像是大多數人看到的，這是張憂鬱、煩惱的面孔。這張畫沒有眼睛、鼻子、嘴巴，但是卻能夠一眼辨識出這是一張臉，而且還不是喜悅的笑臉，而是鬱悶的面孔。這實在是非常了不起的能力。

請想像一下你的家人和朋友的臉，雖然可能無法用畫的，或是用言語說明他們的面孔，但應該可以馬上浮現在腦海裡吧；有些人可能光聽聲音、腳步聲就知道是誰；有辦法馬上辨識出三十年不見的老朋友面孔；雖然無法清楚說明理由，但是只要看臉部表情、說話聲調，就可以大致推測出對方現在的心情；兒童可以把凸形積木看作是車子遊戲。能夠正確讀懂不明確資訊，是人類極為優異的能力；因為有這個能力，兒童才有辦法玩「角色扮演的遊戲」和「假裝遊戲」；習得母語的能力也很優異出色；這些是人類與生俱來的能力。

忽略人類這些優異之處，片面斷定「人類是不理性」的行為是不理性的，不僅如此，還是完全錯誤的結論。接下來就讓我們依序討論這些人類的優異能力。

第 3 章

本能的捷思與偏誤

直覺的功用

身分地位最高的人，也就是對自己的判斷深信不疑的人，跟最笨的人是一樣的。

——法國詩人保羅‧梵樂希（Paul Valéry）

《梵樂希文選》

> 世界明顯是依循著機率的法則。然而，我們的內心並非依據機率的法則運作。
>
> ——演化生物學家史蒂芬·古爾德（Stephen Gould）
>
> 《很行嘛，雷龍》（*Bully for Brontosaurus*）

捷思是什麼？

應該有不少人，在準備大學入學考試時，曾經用過「圖表型」的參考書吧。

圖表（chart）原本是指海圖，而這裡指的是問題解決的指南。例如《圖表型數學 I》是筆者當考生時受益良多的參考書，書中在因式分解的章節用紅字強調「先從次方最低的開始解起」。

這個原則是，面對不知該從何下手的問題時的解題關鍵。這樣的原則大多稱為捷思（heuristics）。

捷思是指，在未能全盤掌握資訊的情況下，要做出判斷卻毫無頭緒時，為了解決問題所使用的便捷法或是啟發法。捷思法又稱為策略法、便捷法、啟發法、概測法，甚至也稱為捷徑。

愛因斯坦在他獲得諾貝爾獎的 1905 年的論文裡，將捷思視為「不完善，但有用的方法」；著名的數學家喬治·波利亞

（George Polya）則認為捷思「有助於啟發」，而且他為了證明捷思法在解決數學問題時也非常有效，還以此為題寫了一本書。

　　而演算法（algorithm）與捷思法成對比，是只要按步驟來，就可以獲得正確答案的方法。例如，計算三角形面積的公式，就是演算法的好例子，只要套入（底 × 高）÷ 2 的公式，就可以得到三角形面積。

　　「欲速則不達」或「不妨一試」之類的諺語和格言，確實是對日常生活有幫助的捷思。

　　運用捷思，大多可以獲得讓人滿意的解答，有時甚至不需要費太多勞力，就可以獲得完全正確的答案。這個跟賽門提出的「滿意度」（請參見第 28 頁）原理是同個道理。但捷思法並非完美無缺，它經常也是造成重大錯誤的原因。

　　在不確定性的情況下理論化決策時，機率的計算是必要的，因此大家如何看待機率便相當重要。

　　一般而言，我們會在表達「預測」時使用機率，例如：預測某人將勝選、預測景氣增溫、比賽某一方獲勝的可能性等情況。那些機率的計算，通常是以某些根據為基礎的客觀判斷，但大部分的時候都是以直覺判斷。依據直覺判斷所得到的主觀機率，真的正確嗎？

　　康納曼和特沃斯基在一連串的研究當中，顯示人類會利用數種捷思，進行機率和頻率的判斷；但透過捷思所獲得的判斷，常與客觀且正確的評估差了十萬八千里，並經常伴隨著「偏

誤」（bias）。

思考陷阱一：可得性捷思

捷思最重要的就是「可得性」。可得性是指，在判斷某個現象出現的頻率和機率時，回想容易理解該目標現象的事例（最近的事例、顯著的例子等），並以此為基礎進行判斷。

此時記憶扮演了重要的角色，尤其是長期記憶。可得性捷思（availability heuristic）指的是，從記憶當中立即找出似乎可用的事例，以此進行判斷。但日常生活中，我們記憶的內容經常受到各種因素影響、改變，或是只記得一部分。這個時候，當浮現在腦海中的事例，未必能正確顯示那個目標現象的頻率和機率時，便產生了偏誤。

特沃斯基和康納曼向受試者提出了以下的問題。

問題 1

①小說 4 頁（約 2000 個英文單字）當中，有多少個單字的字尾為 ing，且為 7 個字母。

②小說 4 頁（約 2000 個英文單字）當中，有多少個單字的第六個字母為 n，且為 7 個字母。

回答的平均值，①是 13.4 個，②是 4.7 個。

回答字尾為 ing 的單字，比第六個字母為 n 的單字還多，因為前者類型的單字（例如：running、evening）比後者容易想到，也就是說容易得到。然而，某些符合條件①的單字，同時也符合條件②；相反的，符合條件②，卻不符合條件①的單字（例如：daylong、payment）數量較多，所以符合條件②的單字一定比較多。但受試者的回答卻相反。

這個實驗結果不僅沒有符合機率的特質，還違反了交集的相關規則。也就是說，假如有 A、B 兩種現象，同時發生 A、B 兩個現象的機率，不可能比發生 A 或 B 單一現象的機率高。

例如，出門時第一個碰到的人是女性且戴眼鏡的機率，不可能比第一個碰到的人是女性或是戴眼鏡的機率還高。像這樣的偏誤經常稱為「交集偏誤」（conjunction fallacy，又稱合取謬誤），是機率偏誤中最常發生的偏誤現象。

塞勒的研究也有提到，因可得性捷思而產生的偏誤。

詢問受試者認為美國的死亡事件是自殺多，還是他殺多的時候，大部分的人都回答他殺事件比較多；這個偏誤也是因為可得性捷思。

因為大家每天看到他殺事件的報導，所以馬上就聯想到他殺事件發生機率高；然而，由於媒體報導自殺的例子少，受試者聯想到自殺的例子也相對少。據塞勒指出，美國 1983 年的自殺人數為 2 萬 7300 人，他殺人數為 2 萬 400 人。

最近日本的自殺人數明顯增加，而且將自殺人數增加視為

問題的報導也多，因此可能不會產生這樣的偏誤。

　　從媒體、親密友人、家人、權威（或近似權威）人士等處獲得的資訊，或是容易喚起強烈情感的事件和資訊，比較容易令人留下印象和記憶，因而做出資訊可信度高、事件發生機率高的判斷。

　　最近強震頻繁，強震發生不久之後，購買防災用品和加入地震險的人就會增加；日本發現感染狂牛症的牛隻之後，大家無不聞牛色變。這些都是因可得性捷思，使人們提高機率的估算、改變行為的例子。

對未來的想像

　　產生可得性捷思的其中一個因素就是，在現實生活中容易想像得到該情境與事件。

　　傑夫・薛爾曼（Jeff Sherman）等人進行了以下非常有趣的實驗。他們向一百二十位女大學生說明，學校可能有某個假想的疾病蔓延，所以請她們閱讀症狀說明文，並自行判斷自己得到這個疾病的可能性。

　　實驗將學生分為四個實驗組，第一組學生的症狀說明文是，若得到這個疾病，會有活動力降低、肌肉痠痛、經常發生嚴重頭痛等，描述具體而且以前可能有相關經驗的症狀。

　　請第二組學生閱讀的症狀說明文則較為抽象，例如：方向感降低、神經系統功能異常、肝臟發炎等症狀。閱讀完症狀後，請受試者從十個等級，評估自己三個禮拜後得到這個疾病的可

能性。

針對第三組和第四組學生，分別提供第一組和第二組的症狀說明文，但是請他們先具體想像，若自己得到這個疾病，三個禮拜後會出現什麼樣的症狀，再評估自己得到這個疾病的可能性。

結果，判斷自己最有可能得到這個疾病的是第三組的學生，接著是第一組、第二組，而第四組判定自己得病可能性的等級則是最低的。

也就是說，具體想像自己得病症狀的組別，覺得自己最可能得病；相反的，因症狀曖昧不清，因此難以想像自己得病的組別，則判斷自己最不可能得病。

抽菸、喝酒等習慣之所以難以戒掉，其中一個原因就是從行為發生到行為結果出現，兩者的時間點相距甚大，在行為發生的時間點，難以想像當下的行為會在遙遠的未來造成什麼結果。因此，推行禁菸政策時，強調得到癌症會有多悽慘，會比主張吸菸會提升罹癌率要來得有效。

換發駕照的講習課程上，經常播放車禍現場的影片，因為這個方法比提出車禍發生機率的數值更有效。

此外，可得性捷思也可能會對社會資訊的傳遞方式、民眾如何汲取資訊造成影響。容易取得的資訊容易在人與人之間傳播，使得某種想法和判斷廣泛散播於社會；尤其因網路的普及，讓傳播速度變得更快。

後見之明偏誤

可得性捷思可能帶來的另一個偏誤是「後見之明偏誤」（hindsight bias），也可以視為一種錨定效應（anchoring effect）。事情發生之後，大家經常會說「我就知道會變成這樣」，或是「我從一開始就知道會這樣」。像這樣，在知道結果之後，以為自己在事情發生之前早就知道的偏誤，就是後見之明偏誤。

某個實驗找來四十六位受試者，推估推理小說家阿嘉莎・克莉絲蒂（Agatha Christie）寫了幾本書，平均推估值為 51 冊。幾天之後，告訴受試者正確答案為 67 冊後，請他們回答原本想推估幾本，結果平均值上升到 63 冊。也就是說，知道結果之後，很多人認為自己原本的預測更接近正確答案。這個後見之明偏誤源自可得性捷思；當事情發生之後，對那個事實印象深刻，因此誇大了之前的預測值。

後見之明偏誤也可能對經濟行為帶來影響。

某支股票的股價下跌之後，「我就知道會這樣，早知道就投資其他股票了」，或是「連我這種外行人也知道，推薦股票的證券公司專家一定也知道」的想法可能會引發訴訟。

或者是，以為用低價買到好貨而感到十分開心時，卻發現其實是劣質品後，所產生的「我就知道便宜沒好貨」的想法，也是後見之明偏誤的例子。

思考陷阱二：代表性捷思

　　第二個大家經常使用的捷思就是「代表性」。代表性捷思（representative heuristic）是指，認為屬於某個集合的現象，直接「代表」那個集合的整體，以此判斷頻率和機率的方法。換句話說，也就是誤以為某個現象與其隸屬的集合「相似」。當集合的特質與單一現象特質的相關性低，就會產生各種偏誤。下面的例子也是出自於特沃斯基和康納曼的實驗。

問題 2

　　有顆四面是綠色、兩面是紅色的骰子。多次投擲這個骰子，最可能產生以下三種排列組合當中的哪一個結果呢？（G 代表綠色的面，R 代表紅色的面。）

　　① RGRRR
　　② GRGRRR
　　③ GRRRRR

　　大多數的人都選擇②，接著是①，僅少數選擇③。

　　也就是說，因為大家認為②的排列組合最有可能出現；亦即，大家判斷②是「最具代表」的骰面出現的排列組合。然而，排列組合②是排列組合①的開頭加上 G，因此出現①的頻率應

該高過②。這也是交集偏誤的例子。

問題 3

　　某個城鎮有大小兩間醫院。大醫院平均一天接生 45 個嬰兒，小醫院平均一天接生 15 個嬰兒。當然大約 50％是男嬰，但實際的比例每天不同，有時男嬰比例超過 50％，有時低於 50％。一年當中接生的嬰兒超過 60％是男嬰的天數，是大醫院多還是小醫院多呢？

　　據康納曼的實驗結果，有 21％的人回答大醫院，21％回答小醫院，53％回答兩者幾乎相同。

　　依據機率論計算，正確解答應該是大醫院約 27 天，小醫院約 55 天。一般而言，樣本數越大，數值越接近母體的平均值 50％。

　　像這樣，樣本數越大，越能代表母體特質的法則稱為「大數法則」（law of large numbers），是機率論基本定律的其中一種。例如，投擲公正無偏的骰子，投擲次數少的時候，可能會出現特定的骰面，但只要增加投擲次數，每個骰面出現的比例就會接近六分之一。

　　而這個例子的偏誤是源自於，男嬰出生率為 50％是有「代表性」的數值，因而誤以為這個數值和醫院大小（樣本大小）無關。也就是，誤以為少數樣本代表了母體（大樣本）的特質，

此偏誤稱為「小數法則」（law of small numbers）。

賭徒謬誤

據說，特沃斯基和康納曼展開「捷思與偏誤」研究計畫的契機，是因為他們發現，即便是數學心理學家和統計學家，有時也會陷入小數法則的偏誤。

學校的教職員也會誤以為人數少的班級，成績好和成績不好的學生會呈現相同的分布。此外，預測每週股價的分析師，若連續三週預測命中，眾人就會認定他是優秀的分析師，相反的，若連續三週沒有命中，則容易被認為無能。但僅用這些事實判斷分析師的優劣，言之過早。因為，這也是小數法則造成的偏誤。

同樣的，扔擲 20 次硬幣的中途，若連續出現 5 次正面，就判斷下一次扔擲有較高的機率會出現反面，這樣的想法也是錯誤的，此例為廣為人知的「賭徒謬誤」（gambler's fallacy）。在棒球比賽的直播上，若打擊手單季的打擊率為二成五，而打者在那場比賽中連續三個打數沒有安打，球評說「從機率來看，下一個打席應該會擊出安打」，此評論也是賭徒謬誤的一例。

均值迴歸

在職業棒球比賽，也可能會發生下面這樣的情況：當天才剛升上一軍的新人打出三支安打，而鈴木一朗同一天卻無安打。光憑這樣的事實，就判斷這個新人優秀、鈴木一朗無能，

很明顯是錯誤的。從長期的打擊率成績來看,新人應該為二成三,而鈴木一朗為三成以上。即便某天新人打擊率的成績比鈴木一朗好,其他場比賽的結果未必如此,因為鈴木一朗會逐漸展露實力。

也就是說,即便短期間打擊率高低起伏,但長期而言,打擊率會因大數法則逐漸往平均值收斂。這個現象稱為「均值迴歸」(regression toward the mean)。

忽視均值迴歸,也是小數法則造成的偏誤。用單一次比賽的小樣本,來評估球員的實力是錯誤的。就連 2005 年連續 99 敗,季賽成績敬陪末座的樂天金鷲隊,也曾經連續三次打敗中日龍隊。單以短期的數據推測實力是錯誤的根源。

職業棒球的世界有句俗語為「第二年的厄運」,指的是第一年活躍的選手,在第二年成績卻下滑的現象。那個原因有可能是,因為第一年非常拼命,所以成績優秀,驕傲自滿使得第二年怠惰造成的;或者也可以解釋成,第二年對方投手高度警戒,難打的球變多,因而擊不到球。雖然我們無法完全否定那些因素,但認為表現會迴歸到平均值才是妥當的判斷。

第一年成績優秀的選手,在第二年表現下滑;相反的,第一年成績不好的選手,在第二年表現變佳的情況也很常見。在第二年維持第一年的好成績,甚至表現更好的選手,擁有相當的實力,此時這位選手就跟「第二年的厄運」無緣。

學校的老師容易以第一次的考試成績評斷學生的實力,期中考有好成績的學生,期末考考差了就推測是因為怠惰;相反

的，即便期中考成績不好，只要期末考的成績變好，就容易做出因為學生很努力的結論，這樣的現象也可以用均值迴歸來說明。

康納曼曾經在軍隊服役過一段時間，他曾有以下這樣的經驗。

在戰鬥機的飛行訓練時，只要誇獎特技飛行表現優秀的練習生，下一次的飛行表現就會變差；相反的，只要斥責飛行表現差的練習生，下一次的飛行表現經常就會變好很多。因此有教官從中導出「誇獎，成績就會變差；斥責，表現就會變好」的法則。然而，教育學和心理學的研究都否定這個法則，這個例子可以說，正是忽視均值迴歸導致的偏誤。

這樣的例子為學校和企業的教育訓練、評價工作成果，以及提升學生和員工的動機，帶來重要的啟發。

忽視基本率的先入為主

代表性捷思帶來的第二個偏誤，就是第 1 章和第 2 章所探討的，在判斷機率時忽視或低估基本率所造成的偏誤。

即便重大傳染病的篩檢結果為陽性，只要那個疾病極為罕見，而且篩檢的信度非百分之百，未感染的可能性會比直覺預測高出很多。照理來說，得病的機率跟疾病發生率高低有關，因此不可忽視基本率。

然而，當篩檢結果為陽性，就誤以為自己一定罹患了那個疾病。即便考量了基本率，也不會改變「陽性結果」這個代表

性的事實。因此,把焦點放在篩檢結果是陽性這個代表性事實上,忽視基本率的結果就是,過度相信自己感染到傳染病。

同樣的,假如在路上遇到穿一身黑、眼神凶惡的人,應該很容易認為對方是小偷還是什麼罪犯,因為對方完全就是小偷的「典型」打扮。但那樣的直覺未必正確。只要將罪犯占整體人口的比例(基本率)納入考量,那個人是罪犯的機率,應該比直覺判斷要來得低。

據日本警視廳發布的資訊所言,行人因交通事故死亡的人數當中,約半數是發生於被害人自家附近,因此「出遠門比較安全」。這個推論是不是哪裡不對勁呢?答案就交由各位讀者判斷。

我在某本雜誌上看到有一篇文章這樣寫道:「寫日記是成功的祕訣!」、「我訪談了多位公司老闆,有70%的人每天寫日記。他們應該是藉由寫日記,回顧那天的工作,反省並做出新的決定,而獲得成功的吧。」看了這篇文章,可能有人會想「我也要從今天開始寫日記!」

下面則是筆者的發現(創作?),各位覺得如何?「我訪談了多位公司老闆,有90%的人每天刷牙。只要保持牙齒的健康,就可以在最佳時機點咬緊牙關,奮力一搏,因而獲得成功。刷牙是成功的根源!」

還有,因為公司老闆大多是長男,所以做出「因為我是次男,所以成為老闆的機會小」這種結論,面對這種人,我們應該說什麼才好呢?

思考陷阱三：錨定與調整

特沃斯基和康納曼提出的第三個捷思法是「錨定與調整」（anchoring and adjustment）。

在不確定的情況下進行預測時，先設定初始值（定錨點），然後再調整，決定最終預測值的捷思，他們稱為「錨定與調整」。但是在調整階段，最終的預設值可能受到最初的設定值的影響，因未能充分調整而產生偏誤。

這個偏誤也稱為「錨定效應」（anchoring effect）。此為借喻船定錨之後，船可以在連接船和錨的纜繩的長度範圍內，隨著海浪漂流，但移動範圍卻受定錨的位置所限制。

定錨的初始值，雖然有可能是自己思考後做出的選擇，但也經常受到跟問題無關的外部因素影響。

康納曼和特沃斯基請受試者立即回答 $8×7×6×5×4×3×2×1$ 的值是多少。受試者回答的中位數為 2250。針對另一組受試者所提出的問題則是 $1×2×3×4×5×6×7×8$，而回答的中位數為 512。正確答案當然兩邊都是 40320。

會有這樣的結果可能是因為，在心算時，先計算開頭前面幾個數字定錨後，再乘上剩下的數字，雖然在估算出最終預測值之前會進行「調整」，但是調整不夠充分，因而無法正確估算。因此出現，算式數字由大到小排列（前者）時，預測值較大；而算式數字由小到大排列（後者）時，預測值較小的現象。在這個例子當中，定錨點為最初前面幾個數字的乘積，是受試者

自己指定的。

　　此外，康納曼和特沃斯基也詢問受試者，在聯合國會員國當中非洲國家占了多少比例。詢問這個問題之前，他們先在受試者面前轉動寫有 1 到 100 的數字輪盤，轉出一個數字後，請受試者回答，答案比那個數字大還是小，然後再回答問題的國家數。

　　有趣的是，最初輪盤轉出的數字為 10 的時候，回答的中位數為 25；最初輪盤轉出的數字為 65 的時候，回答的中位數為 45。也就是說，即便是完全隨機、跟問題完全無關的數字，也會對回答帶來相當大的影響。

　　筆者為了進一步確認這個現象，做了相似的實驗。我先向學生提出相同的問題，請他們寫下自己的學號最後兩個數字後，再回答問題。學生學號最後兩個數字，很明顯跟問題無關。結果，學號的大小與數字回答的大小並無相關，也就是說，只是改變問題的順序，學號的定錨功能就消失了。即便是這種由輪盤決定、無意義且隨機的外部數字，只要在受試者思考該問題之前出示，受試者在那之後思考出的最終預測值，就會受到最初定錨點的影響。

　　他們指出，錨定效應在判斷與決策的各種場合隨處可見，定錨點的影響大，而且難以去除。

　　購物時，從東西的價值得知正確價格的情況極為罕見，大部分的時候，我們都是看定價和建議售價判斷價格合理與否。在商店裡，我們經常可以看到，建議售價為 2500 元，實際售

價為 2300 元的商品標價方式；因為建議售價成了定錨點，讓人覺得實際售價相對便宜。此外，販賣自家產品時，提案金額會高於底價；而購買某項產品時，就會壓低價格。這些談判的基本概念，是即便未意識到錨定效應，也實際廣為大家所運用的例子。

行為金融學家羅伯・席勒（Robert Shiller），針對錨定效應對股市的影響這麼說道：

傳統金融理論主張，股價是由經濟與企業基本實力的基本面所決定，但其實投資人根本不知道、也無從藉由有限理性得知股價真正的水準。因此，股票的買賣是以某個定錨點為線索進行判斷的。其代表性的定錨點是投資人判斷基準的數值，例如：記憶猶新的股價、東證平均指數、日經平均指數等廣為人知的股價判斷指標，或是其他股票的股價、股價的本益比，也都可能成為投資人的定錨點。

專家也會受到迷惑

格雷葛來・諾斯克夫特（Gregory Northcraft）和瑪格麗特・尼爾（Margaret Neale）的研究顯示，不只是一般人，就連專家也會受到定錨點的影響。他們設計了一個實驗，請專家和一般民眾為房子訂價。

首先，他們請受試者檢查出售的房屋，並交付了一本記載

房屋詳細資訊與周邊房價等十多頁的手冊。然後將受試者分成
四組，分別提示建議價格，最低建議價格為 11 萬 9900 美元，
最高建議價格為 14 萬 9900 美元。他們請受試者以建議價格為
基礎，評估成交價等價格。

實驗的結果，身為專業不動產經紀人的受試者當中，得到
的建議售價較低的組別，其估價平均為 11 萬 4204 美元，售價
為 11 萬 7745 美元，成交價為 11 萬 1454 美元。另一方面，得
到的建議售價較高的組別，其估價平均為 12 萬 8754 美元，售
價為 13 萬 981 美元，成交價為 12 萬 7318 美元。一般人的估
價也有相同的傾向。

這個差異除了錨定效應之外，沒有其他理論有辦法解釋。
而且實驗結束之後，他們請受試者寫下三個在評估價格時最重
視的資訊，結果僅有 8% 的專家、9% 的外行人列舉建議售價。

實驗的結果顯示，就連法官也會受到錨定效應的影響。

據傑弗瑞‧林里斯基（Jeffrey Rachlinski）等人的實驗顯示，
即便是經驗豐富的法官，其判決也會受到檢察官具體求刑（定
錨點）的影響，針對同一案件，出現 34 個月與 12 個月不同的
求刑內容，判決結果竟然有 8 個月之差。而且提出求刑內容的
只是有電腦資訊專業背景的學生，完全是法律外行人。錨定效
應真的很可怕！

錨定效應也容易產生確認偏誤（confirmation bias）。確認
偏誤是指，一旦自己的意見與態度決定好之後，只蒐集能驗證
自己的資訊，忽視否定的資訊，而且將資訊解讀成對自己的意

見與態度有利。此外，現在也知道確認偏誤會造成過度自信。

以上是康納曼和特沃斯基所提出的，三個捷思法及其產生的偏誤。

除了那些，我們也已知人類在判斷和決策時，還運用了許多其他種類的捷思，並因為不同的因素造成各種不同的偏誤。若想了解更多，我推薦各位閱讀湯瑪斯・吉洛維奇（Thomas Gilovich）的著作《康乃爾最經典的思考邏輯課》（*How We Know What Isn't So*）。

近來，保羅・斯洛維克發現的「情感捷思」（affect heuristic）變得尤其重要。情感有時會扮演跟可得性捷思和代表性捷思相同的角色。也就是說，在多數的情況下，我們對事件產生的情緒反應會取代深思熟慮，發揮作用。

情感捷思的相關內容將於第 9 章介紹。

快省捷思

康納曼和特沃斯基開創了捷思與偏誤的研究先河以來，這個研究領域累積了龐大的研究成果。而那些研究，與其說是將焦點放在捷思的實用性上，不如說是關注於捷思帶來的偏誤。也就是說，如同「捷思與偏誤」這兩個詞彙總是成對使用所示，我們可以將之理解為，捷思容易導致錯誤判斷。

相對於那種看法，由德國馬克斯普朗克研究院（Max Planck Institute）捷爾德・蓋格瑞澤（Gerd Gigerenzer）主導的

研究團隊，則強調依據捷思進行判斷與決策的優點，藉由捷思獲得的解答，有時可以和「需要大量的認知資源，進行困難且費時的計算」所得到的最佳解答相匹敵。

他們將那些能引導出優質解答的捷思統稱為「快省捷思」（fast and frugal heuristics），名稱辨識捷思（recognition heuristic）就是其中一個代表例。

蓋格瑞澤等人向美國學生和德國學生詢問了以下問題：「聖地牙哥（Santiago）和聖安東尼奧（San Antonio）哪個城市的人口較多？」這兩個都是美國的城市。

美國學生可能對兩座城市有某種程度上的認識，因此答對率為 62%；而德國學生當中，有 78% 的人聽過聖地牙哥，聽過聖安東尼奧的人僅有 4%，但聽過聖地牙哥的學生答對率為百分之百。也就是說，握有較少資訊的德國學生，答對率比握有較多資訊的美國學生還高。如果拿同樣的問題去問日本學生，答對率應該也會比較高吧。

德國學生會如此推論，應該是使用「名稱辨識捷思」的關係。他們聽過某個城市的名字，但是卻沒聽過另一個城市的名字，因此便判斷聽過的城市人口應該比較多。美國學生無法使用這個捷思，正是因為兩個城市的名字他們都聽過。如同這個例子，當兩個對象之中聽過其中一個（可辨識），而另一個沒聽過的時候，我們容易判斷可辨識對象擁有較高的價值（例如：人口較多）。

此外，判斷大學的好壞、商品的優劣、運動團隊的成績表

現等情況，也顯示名稱辨識與判斷正確性有正相關。如果是好大學，其師資陣容的研究成果遠播，活躍於社會的學生和畢業生多，有較多的機會能聽到那間大學的名字，因此大學的好壞以及聽過名字（辨識）便連結在一起。運動團隊的成績表現也是同樣的道理。

此外，名稱辨識捷思在股市投資也發揮了相當的作用，有報告指出，投資曾聽過名稱的公司股票，可以獲得相當高的收益。

也就是說，在無知（未握有資訊）並非隨機、而是系統性發生的條件下，名稱辨識捷思能發揮相當大的作用。

棒球選手的凝視捷思

棒球的外野手是怎麼接高飛球的呢？為預測球的落點，球員必須要有球的初始速度、角度、風向和風力、球體旋轉等資訊。但實際上，球員不可能有那些複雜的資訊，就算有也不可能來得及計算。

外野手其實只使用了一種捷思，蓋格瑞澤等人將之稱為「凝視捷思」（gaze heuristic）。凝視捷思是指，當高飛球飛過來時，球員緊盯著球，奔跑時保持一定的仰看角度。跑到球的落點附近，最後再稍微調整速度就可以接住球了。球員跑向球的落點，並非瞬間進行了複雜的計算，也不是用直覺預測。其證據就是，外野手在追球時，常常不是跑一直線，而是繞著

一個弧線跑；而且並非全力跑向球的落點，而是儘快跑過去。無論是哪一種，都是讓凝視球的角度保持一定所需的動作，如果是已知球的落點才跑過去的話，不需要那些動作。

快省捷思的運作並非每次都很順利，美國學生無法正確回答城市人口的多寡便為一例。凝視捷思除了接高飛球之外，可能沒有其他用處。

蓋格瑞澤等人表示，主體的有限理性與問題所處的狀況（生態、環境）的相互作用，會對捷思能否順利發揮作用產生影響。也就是說，想讓決策順利進行，除了主體的認知能力之外，問題所處的狀況也同樣重要。就這個意義而言，蓋格瑞澤等人主張重視「適應生態環境的理性」觀點，運用名稱辨識捷思和凝視捷思等，這類極為簡單且能快速實行的捷思，可以做出恰當的判斷。

蓋格瑞澤等人將之稱為「適應性理性」（adaptive rationality），指的是適合環境的捷思能順利發揮功能。

他們也提出了其他許多快省捷思，並將那些捷思視為，人類為了在特定領域（適當的條件、生態、環境）使用，是與生俱來或是透過經驗學習而來的認知功能。他們將那些工具統稱為「適應性工具箱」（adaptive toolbox）。

他們認為，人類與生俱來就知道，或是透過經驗習得，如何在適當的環境下使用適應性工具箱裡的工具（例如名稱辨識捷思）。

快思慢想，兩種資訊處理程序

　　古代的哲學家早已認知，人類的資訊處理程序是由直覺和分析兩個部分所組成，這也是往後眾多哲學家和思想家探討的主題。近來，這個主題因「雙重歷程模式」（dual process model）的出現，而備受心理學家矚目。

　　雙重歷程是指，人類擁有兩種資訊處理系統。第一種資訊處理系統稱為系統一，是擁有直覺、聯想、迅速、自動、情緒化、平行處理、不費力等特質；而另一種資訊處理系統則稱為系統二，呈現分析、管制、序列處理、循規蹈矩、費力等特質。

　　系統一的使用對象廣泛且一般，人類和動物皆擁有這個系統；普遍認為系統二的演化要比系統一晚得多，是人類特有的系統。只有具備系統二的人類，才有辦法成為傳統經濟學的前提經濟人；而且還必須要是優質、高性能的系統二。

　　系統一和系統二並沒有明顯的區分，兩者是連續性的存在，而且系統一的功能並不比系統二差。比方說，將棋和圍棋的職業棋士，藉由直覺想出幾個棋步，然後仔細思考，從中挑選出最好的一步。意即，藉由系統一和系統二的連結處理問題。

　　而且處理問題的系統並非固定。譬如開車，新手駕駛上路時會一個一個地確認動作，系統二是處於常態性運作的狀態，一旦熟練之後，許多動作就會在無意識之間自動進行。也就是說，問題的處理從系統二轉移到系統一了。

　　新手駕駛之所以一開車就會感到疲累，是因為有很大一部

分必須依靠系統二，消耗較多認知資源。雖然近來禁止開車時使用手機，但那只是禁止開車時手持手機講電話或傳訊息，並未禁止使用耳機之類的裝置講電話。這不是很奇怪嗎？

開車時使用手機危險的地方在於，注意力會集中在對話和訊息的操作上，也就是說，會將認知資源花費在那些事情上，導致必須用在開車上的認知資源減少而分心。也就是「心不在焉」的狀態會帶來危險，單手開車本身並不危險。如果單手開車危險的話，開車時抽菸也是單手開車，就連換檔也會瞬間變成單手開車，這些行為也必須禁止才對；倘若開車時禁止使用手機，用耳機接聽電話也應一併禁止。

我們常說運動技巧和工匠手藝必須用身體記住，這指的是必須持續練習，熟練到執行動作時大腦能從系統二轉移至系統一的意思。

一個網球選手如果在比賽時，需要一一確認自己的打法是否正確，就會疏於掌握對方的心思、預測對手球路等重要的事情。這就跟小孩初學各種動作，從一開始的生硬不熟練，到最後自然駕輕就熟是一樣的道理。

而且，系統二的重要功能就是監視系統一。監視並認可系統一迅速做好的決定，也可能視情況修正或變更。我們在日常生活中也經常有這樣的經驗吧，先用直覺做了選擇，但想一想之後又變更決定的情形。

直覺發揮作用

　　系統一所擔負的自動化判斷與決定功能，最近備受心理學家和認知科學家所矚目。自動化思考的研究權威學者約翰・巴奇（John Bargh），借用捷克裔法國作家米蘭・昆德拉名作的書名《生命中不能承受之輕》，寫了一篇名叫〈生命中不能承受之自動化〉（The unbearable automaticity of being）的論文，針對人類自動化地處理各種資訊，進行了廣泛的討論。巴奇指出，就連消費者選擇商品，也大多是自動化的行為。

　　康納曼和尚恩・費德里克（Shane Frederick）指出，代表性和可得性這類捷思所做出的判斷，是系統一直覺運作的結果。藉由這類捷思進行判斷的特徵是，我們在判斷時，會將判斷對象的特質〔標的屬性（target attribute）〕替換成，其他立即浮現於心中、與判斷對象相關的特質〔捷思屬性（heuristic attribute）〕。也就是說，透過捷思所做的判斷時，會發生「屬性替代」（attribute substitution）的過程。

　　什麼時候會發生屬性替代呢？屬性替代的發生取決於，標的屬性和捷思屬性的特質。當我們無法立即理解標的屬性，而捷思屬性卻直覺地浮現於心中時，就會發生屬性替代。

　　像那種立即浮現於心中的現象，稱為易取得性（這個概念容易跟可得性混淆，但康納曼認為，問題在當事人身上）。易取得性是屬性替代發生的關鍵，而易取得性必須符合下列三個條件：①標的屬性不容易取得；②具可聯想或是概念性特質的

屬性比較容易取得；③捷思屬性所進行的屬性替代，不會受到系統二的否決。

「容易取得」指的是，如大小或距離等物理特質、相似的特質、儲存於知覺和記憶中的特質、好壞之類的情緒性評價、心情等，因系統一的運作，容易立即浮現於心中的自然特質。

康納曼等人認為，這個特點可以由下面的幸福問題完整呈現。向學生詢問「整體來說，你的人生快樂嗎？」以及「你最近這一個月約會了幾次？」兩個問題，按照這個順序詢問，這兩個問題之間幾乎看不出有正相關；但是把順序反過來，如果先問約會問題，就會出現約會次數越多就越幸福，兩者呈現正相關的結果。

也就是說，在詢問了約會問題之後，約會次數成了容易取得的幸福屬性，其本身與抽象且難以捕捉的整體幸福評價，被視為是相同的東西。

發生偏誤的原因

運用代表性捷思的時候，發生屬性替代的典型例子是「琳達問題」（the Linda problem）。

這個實驗請受試者閱讀琳達這個虛構角色的描述，然後回答問題。「琳達是一位 31 歲、單身、直率且聰明的女性。她大學主修哲學，學生時代熱衷於歧視與社會正義的議題，也曾參與過反核運動。」

接著列出八個跟職業相關的類別（例如：小學老師、保險員、銀行櫃員等），請受試者按照琳達最有可能符合的類別排序。實驗將受試者分成兩組，一組是請受試者依照琳達與那些典型人物的「相似程度」排序，另一組則是請受試者估算琳達屬於個別類別的「機率」排序。

結果兩者排序的平均值幾乎一致，以相似度排序作為橫軸，以機率排序作為縱軸繪製圖表，幾乎呈現 45 度的直線。也就是說，按照這兩個基準排序，其平均值幾乎相同。這表示機率判斷被相似性所抹滅，也就是發生了屬性替代。

判斷相似性的組別當中有 85% 的人認為，比起單純的「銀行櫃員」，琳達和「櫃員兼女性主義者」有較高的相似度，在機率判斷組別 89% 的人也有相同的判斷。「櫃員兼女性主義者」的機率不可能會比「銀行櫃員」還高，這中間發生了交集偏誤。這是屬性替代所產生的偏誤。

像這樣，因為標的屬性和捷思屬性相異，後者替代前者，經常是發生偏誤的原因。難道系統二無法預防這種偏誤發生嗎？

系統二有時未必能修正系統 •

購買筆記本和鉛筆合計 110 元，筆記本比鉛筆貴 100 元，請在五秒內回答鉛筆多少錢。結果大部分的人都會誤以為鉛筆是 10 元。這有可能是系統二沒察覺到系統一的錯誤，或是察覺到了，但來不及修改答案。此外，就像是晨型人在晚上工作，或是夜貓族在早上工作容易出錯一樣，康納曼和費德里克推

測，在某些情況下，系統二修正系統一錯誤的能力有限。

生活中的各種捷思

然而，康納曼和費德里克在最近的研究當中，以錨定未發生屬性替代為理由，把「錨定與調整」從捷思名單中剔除。的確，錨定可能不會發生屬性替代，因此在他們嚴格的定義下，錨定不是捷思。

但是，定錨點在康納曼等人的定義裡，指的是判斷者容易取得的資訊，系統一會先將之作為線索進行直覺判斷，之後因系統二未能充分調整，而導致錨定效應發生。在這個意義上，錨定與調整應該可以視為捷思的一種。

但無論如何，捷思對人類的判斷和決策而言，確實扮演了重要的角色。

前面提到的「圖表型」和「考題方向與考試對策」是捷思的一種，廣告行銷與品牌也在消費者挑選商品時扮演重要角色，而廣告型錄可以說是捷思的集大成。

再者，於招募應屆畢業生之際，因雇主對應徵者完全不了解，總之先從學歷推測應徵者能力的狀況，也是利用學歷作為捷思的應用。

有許多捷思是長期廣為使用的格言和諺語，例如：「欲速則不達」、「防人之心不可無」等，雖然這些諺語無法幫我們做出正確的判斷和預測，但卻是日常生活中非常有用的原則。

　　「一開始用小火，中間用大火，蒸氣滾滾後關火，孩子哭鬧也不開蓋。」是煮出好吃米飯的捷思。可能因為受惠於大自然，日本人大多順應大自然而居，因此日本有不少作為捷思的諺語和俚語都跟大自然有關，例如：「卷積雲出現，沙丁魚豐收」（兵庫縣播州赤穗地區的俗諺）、「雲雀鳴是播種之始」（熊本縣阿蘇地區的俚語）等，對以農漁業謀生的人而言，應該是相當重要的參考指標吧。

　　「捨棄成見和陳規」是常見的原則，指的是不要受限於捷思，然而這個原則本身也是捷思的一種。

　　我們無法衡量評估和對方來往可能帶來的利害得失，依據理性計算來決定交往對象和結婚對象。必須考量的東西太多，需耗費大量的時間計算，而且不確定性太高，無法做出絕對正確的結論。因此我們大多選擇可以感覺到愛的對象，愛情變成捷思發揮了作用。

　　正因為無法考量所有的因素，我們才能依據捷思做出決定。

機器人與框架問題

　　人工智慧機器人，是幫助我們深入理解捷思運作的好素材。哲學家丹尼爾・丹尼特（Daniel Dennett）創作了以下人工智慧機器人的寓言故事。

　　機器人一號試圖把裝放備用電池的推車推出房間。機器人

一號知道推車上裝有炸彈，卻未察覺到將推車推出去的同時，也會把炸彈帶出去，因此在搬推車時炸彈爆炸了。

機器人的設計者認為，那可能是機器人的推論能力不足所致，因此製造了不僅能推論預期結果，也能推論預期以外結果的機器人二號。

機器人二號和機器人一號一樣，試圖將推車運出房間外，並開始推論此行動的結果。推車的輪子轉動證明了，將推車運出房間外，房間牆壁的顏色也不會發生改變，但這麼做的結果就是炸彈爆炸了。

接下來，設計者製造了機器人三號，它能夠無視與目的無關的結果。但機器人三號卻毫無動作，沉浸在推論裡。牆壁的顏色可以忽視，天花板的材質也可以忽視……機器人三號將注意力放在各種不同的事物上，忙於將這些因素列進須忽視名單裡，不久之後炸彈爆炸了。

機器人為什麼連這麼簡單的事情都做不到呢？

因為要掌握「什麼」可以忽視、「什麼」不可以忽視看似簡單，對機器人而言相當不容易。

人工智慧的學者將這樣的問題稱為「框架問題」（frame problem）。所謂的框架問題，就是無法適當地判斷，哪些事情跟問題解決有關且不可忽視，以及相反的，有哪些事情可以忽視。

換句話說，我們用框架框住可忽視的事物，然後用另一個框架框住不可忽視的事物，藉此逐漸解決問題。而無法馬上辨

別哪些事情應該放進「可忽視框架」，哪些事情該放進「不可忽視框架」，就是框架問題。

那麼，人類會怎麼做呢？在必須做出某些決定的情況下，我們無法徹底探討周邊環境和條件的所有要素之後，才決定該考量什麼、忽視什麼。因為環境的資訊無限多，而我們的認知能力有限。因此，人類也並非跟框架問題無關，但我們似乎並不那麼受到框架問題困擾。

具備普通判斷能力的人類，只要運用一般常識，就可以解決上述機器人面臨的問題。人類知道把推車搬出房間，裝載在推車上的炸彈也會跟著一起搬出來，也明白把推車搬出去，照理來說牆壁的顏色不會改變。如果有特殊機關的話，可能另當別論，但只要是常識範圍內就沒有問題 。人類應該可以不讓炸彈爆炸，順利回收電池吧。所謂的常識，就是不需要想太多，直覺地浮現於腦海，多數時候可以得到尚可結果的行為準則；亦即，常識是捷思的一種。

愛因斯坦曾說：「所謂的常識，就是人在十八歲之前學到的各種偏見集合。」但即便常識可能會產生偏見，作為捷思仍相當有助於解決問題．

人類也運用著其他各種不同的捷思解決問題，即便結果未必完美。擁有完美邏輯和計算能力的機器人也做不到的事情，人類卻能輕鬆解決，這可以視為人類的強項、某種意義上的理性。

突破框架的思考干擾

　　但人類也並非跟框架問題無關。新手之所以駕駛技術不佳，除了不熟悉駕駛操作這種技術層面的問題之外，也是因為無法正確劃出框架，導致駕駛無法辨別哪些資訊屬於重要訊息，並適時反應。所以才會只專注於前方和對向來車、路況，而疏於注意後方和橫向來車。當駕駛經驗累績、技術熟練之後，便能夠靈活分配注意力；相反的，若注意力太過分散，例如，被路上的美女吸引、和同車的人聊到忘我，就可能會疏於注意路況。就如同我們無法注意所有開車時可能發生的狀況，人類也會有框架問題。

　　益智遊戲的獨特之處在於，人為框架的限制使問題變得複雜難解。例如，請思考一下圖 3-1、圖 3-2 這類的問題。（正確解答請見第 88 頁）

圖 3-1　請用直線一筆畫將九個點全部連起來。最少需要幾條直線？

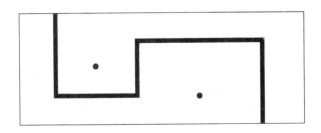

圖 3-2　請用一筆畫將紙上兩個點連起來，但不可以橫切粗體線。

　　這些益智遊戲之所以困難，是因為我們會受到框架的干擾。圖 3-1 外圍的八個點成了框架，使我們難以察覺外側空白處也可以使用；而圖 3-2 的紙張正面成了框架，讓我們未能注意到反面也可利用。八個點和紙張正面形成的物理框架，製造出心理框架，使我們無法跳脫，若無法使用有別於直覺的框架思考，便無法找出解答。普遍認為若沒有創意，便無法解決這類益智遊戲；而所謂的創意，就是指打破既有的框架。

　　美國電視影集《梅森探案》的佩瑞‧梅森（Perry Mason）、偵探小說家克莉絲蒂筆下的赫丘勒‧白羅（Hercule Poirot）、福爾摩斯等人之所以被大家稱為名偵探，就是因為他們能運用有別於普通人的框架，立即察覺到其他人未能注意到的事物。男女之間的認知差異，是古今中外愛情小說的一大主題，那樣的差異用一句話來說，就是起因於男女的框架不同：「我跟工作哪個比較重要？」、「這我沒辦法決定啦！」

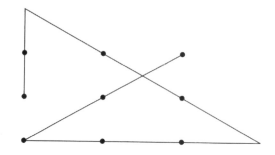

圖 3-1 解答

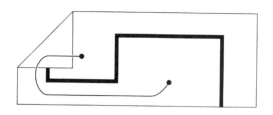

圖 3-2 解答

第 4 章

展望理論(一):理論篇
依據風險判斷

我們從順境跌落到逆境時所感受到的痛苦,經常
比從逆境轉為順境所得到的享受,要大得多。

——亞當·斯密《道德情感論》

> 山水無得失，得失在人心。

> ——禪僧夢窗疏石
> 〈夢中問答〉

變化給人的感覺

氣溫 20 度的天氣在冬天讓人感覺熱，在夏天讓人感覺有點涼，明明都是 20 度。半夜的月亮明明燦爛得令人眩目，但在白天看起來卻朦朧模糊，明明閃耀著相同的光芒。

從日本到德國旅行，德國料理吃起來可能覺得味道普通，但是從英國過去，德國料理吃起來卻極為美味，明明同樣都是德國料理。

人類對於溫度、明亮度、味道等相對變化反應敏銳，而非絕對值的高低。不只是觸覺、視覺、味覺等感覺，我們對於金錢和物品的評價也是相對的，以某種基準進行比較判斷。原本年收 100 萬的人，若加薪到 300 萬應該會開心到飛上天；而年收 500 萬的人，若減薪為 300 萬可能會難過到想死，明明同樣都是年收 300 萬。

人對變化的反應，是康納曼和特沃斯基開創展望理論的出發點。

　　展望是指希望、預期等意思，並沒有什麼重要的意義。有些人可能覺得展望理論的名稱有點奇怪。康納曼和特沃斯基原本將這個理論取了個普通的名字「價值理論」，但是隨著這個理論廣為人知之後，他們覺得取個特別的名字比較有利，因此選擇了展望理論這個沒有太大意義的名稱，康納曼回憶道。

　　展望理論的提出，是用來取代預期效用理論（expected utility theory），由相對於傳統經濟學效用函數的「價值函數」（value function）、以及有關機率加權的「機率加權函數」（probability weighting function）所組成。有別於預期效用理論，價值是由某個基準點的得失來衡量，而且機率會受到加權，這顯示出我們不會將機率為三分之一的現象，單純視為三分之一發生機率的心理特質。

　　本章將介紹價值函數與機率加權函數，這幾個有別於傳統經濟學的新概念。

價值函數

　　我們先從展望理論的核心「價值函數」開始來看。

　　圖 4-1 為展望理論運用的價值函數。作為評價基準的點叫做參考點（reference point），圖 4-1 的原點便是參考點。

　　橫軸原點的右邊，是與參考點相比時利得的多寡，左邊則是損失的大小。縱軸則是表示利得和損失帶來的價值，原點上方為正值、下方為負值。這邊所說的價值，與經濟學上使用的

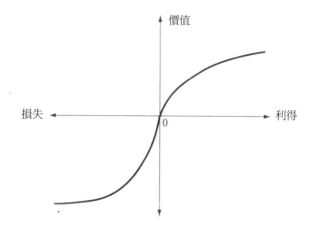

圖 4-1　價值函數

「效用」同義。

　　價值函數以 v 表示，例如，你獲得 5000 元所帶來的價值以 v（5000）表示；同樣的，損失 5000 元所帶來的價值（負效用）以 v（－ 5000）表示。

　　圖 4-1 的 S 形價值函數，呈現出效用評價的三個顯著特質。此為展望理論的一大特徵之一。

　　但這邊僅舉出，價值函數的典型例子與其特有的性質。每個人的價值函數的形狀當然不可能一樣，因此函數的形狀有個人差異；而且即便是同一個人，面對不同的抉擇問題，也可能會產生不同形狀的函數。參考點為 100 萬的價值函數與 1000 萬的價值函數不同，這應該很正常吧。

但展望理論假設，所有的價值函數都具有以下三個特徵。

參考點依賴

價值函數的第一個特徵就是「參考點依賴」（reference dependence）。如前所述，價值是依據參考點的變化或與之比較來衡量，而非由價值的絕對水準所決定。經濟學的效用概念，是以丹尼爾‧白努利（Daniel Bernoulli）的效用理論為出發點，效用是以財富水準來衡量。用這個假設來看長期的理性行為是妥當的，但是與實際的人類行為卻相差甚遠。

康納曼將這個以財富水準衡量效用的方法，稱為「白努利的錯誤」。請思考以下例子。兩人聽取了自己最近一個月的金融資產報告，A 的資產從 4000 萬元減至 3000 萬元，B 的資產從 1000 萬元增至 1100 萬元，誰比較幸福呢？

以最終財富水準來衡量效用的傳統經濟學理論，會認為 A 比較幸福，而大部分的人應該認為 B 比較幸福吧。對 A 而言，4000 萬元為參考點；對 B 而言，1000 萬元為參考點。從參考點往正方向的變化為利得，會帶來正效用；往負方向的變化為損失，會帶來負效用。此外，從參考點的移動會帶來價值，因此參考點的價值為零，也就是 $v(0) = 0$，還請留意。

1990 年的諾貝爾經濟學獎得主哈利‧馬可維茲（Harry Markowitz），他在 1952 年的論文中就已主張，帶來正效用或負效用的是財富的變化，而非財富的絕對值。但是他並未深入

探討，直到康納曼等人掀起新風潮之前，這樣的想法並未受到經濟學界所重視。

參考點有各種不同的狀態。與金錢和健康相關的情況，應該是以「現狀」居多，例如像是「生病之後才知道健康的重要」。

此外，規定應該採取何種行動的社會規範、對未來或別人行為的期待、標準要求和目標，也都可能成為參考點。

例如，這個月的銷售目標是 5 千萬元、體重減 10 公斤、今天之內寫完報告之類的目標，都可能成為參考點。只不過，什麼樣的狀況下，會使用何種參考點；什麼時候參考點會移動，什麼時候不會移動；長期和短期間是否有區別等，參考點的相關課題尚待解決。

敏感度遞減

價值函數的第二個特質是「敏感度遞減」（diminishing sensitivity）。其特質是，無論是利得還是損失，當數值小的時候，我們對其變化敏感，而利得和損失的小變化，會帶來較大的價值變化；但隨著利得和損失的數值越來越大，我們對小變化的敏感度就會減少。這個特質跟傳統經濟學所假設的邊際效用遞減是相同的，利得和損失的邊際價值會出現遞減。

在圖 4.1，無論是利得還是損失，隨著數值越來越大，價值函數的斜率會逐漸趨緩，這就是「遞減」所代表的意思。這

個特質是否合理，用感覺更容易理解。從氣溫 1 度升到 4 度的情況，與從 21 度升到 24 度的情況，同樣都是差 3 度，但前者應該會比後者感覺更溫暖。

這個特質也獲得實驗上的驗證。康納曼、特沃斯基、塞勒等人首創將回答簡單選擇問題的實驗方法導入經濟學，在那之後，這樣的方法廣為行為經濟學和實驗經濟學所使用。有些人也將之稱為「紙筆實驗」。受試者主要為大學生和大學老師。

讓我們先從統整標記法開始。

（1000, 0.5；2000, 0.1）指的是，中 1000 元（任何貨幣單位皆可）的機率為 0.5，中 2000 元的機率為 0.1，什麼都沒中的機率為 0.4（利得等於 0 元），請將之視為抽獎或賭注類的東西（康納曼等人將這種抽獎和賭注稱為「展望」）。標記上利得為零的部分省略。（1000）表示一定可獲得 1000 元的意思（機率為 1），這個時候省略機率。另外，（－ 1000, 0.5）指的是，有 0.5 的機率會損失 1000 元（這雖然有點不切實際）。

對風險的態度

讓我們來看看實驗例子。所有問題的形式，都是從兩個選項當中做出一個選擇。〔〕內的數值表示，選擇該選項的受試者比例（％）。請參見下頁的問題 1。

問題 1

　　A：(6000，0.25) [18]

　　B：(4000，0.25；2000，0.25) [82]

問題 1'

　　C：(－6000，0.25) [70]

　　D：(－4000，0.25；－2000，0.25) [30]

在問題 1，比起有 0.25 的機率可以獲得 6000 元，較多人選擇 0.25 的機率獲得 4000 元，以及 0.25 的機率獲得 2000 元的選項。所有的機率都是 0.25，將之消去之後，式子會變成：

v（6000）< v（4000）+ v（2000）

獲得 6000 元的價值，比獲得 4000 元以及 2000 元的價值總和還小，這代表敏感度遞減。

同樣的，問題 1' 也呈現敏感度遞減：

v（－6000）> v（－4000）+ v（－2000）

因敏感度遞減，使我們對風險的態度產生差異。意即，由此得知，大家面對利得呈現風險趨避（risk aversion），面對損失則呈現風險偏愛（risk seeking）。這點又由下面這個實驗獲得了證實。在這個例子，不等號表示選擇此選項的比例多寡。

問題 2	(4000, 0.8)	<	(3000)
	[20]		[80]
問題 2'	(－4000, 0.8)	>	(－3000)
	[92]		[8]
問題 3	(4000, 0.2)	>	(3000, 0.25)
	[65]		[35]
問題 3'	(－4000, 0.2)	<	(－3000, 0.25)
	[42]		[58]

　　問題 2、3 是有關利得，問題 2'、3' 則是有關損失的問題，兩組問題各自的金額剛好正負相反，而機率相同。

　　從這個結果可以得知，不等號的方向剛好相反。也就是，在問題 2 有較多人選擇（3000）而非（4000, 0.8）；在問題 2' 則有較多的人選擇（－4000, 0.8）而非（－3000），利得和損失的選擇結果相反。同樣的現象也出現於問題 3 和問題 3'。這樣的特質恰如鏡子反射影像的關係，因此稱為「反射效應」（reflection effect）。

　　接著我們從問題 2 可以看出，相較於選項（4000, 0.8）的期待值為 4000×0.8 ＝ 3200，有較多的人選擇了，期待值較小但一定可以獲得的選項（3000）。這種高估確定結果的傾向，稱為「確定性效應」（certainty effect，請參見第 107 頁）。這

個情況代表我們對於利得有風險趨避的傾向。

另一方面，在問題 2'，相較於金額（絕對值）小、但一定會損失的選項（－3000），有較多的人選擇了金額大但有機會避免損失的選項（－4000, 0.8）。也就是，我們對於損失有風險偏愛的傾向。只不過，如後面將討論的，若將價值函數和機率加權函數納入考量，當機率為中等以上時，就會出現上述的特質；但機率小的時候則相反，會呈現對利得為風險偏愛，而對於損失為風險趨避的傾向。

損失趨避

價值函數的第三個特質是「損失趨避」（loss aversion）。

與等量的利得相比，我們會放大損失帶來的感受；也就是說，假如損失和利得等量，損失所帶來的「不滿意度」，會比等量的利得所帶來的「滿意度」要來得大。

大部分的人應該都會拒絕選擇（1000, 0.5; －1000, 0.5）這個選項吧。倘若損失 1000 元的機率和獲得 1000 元的機率是五五波各半，而我們拒絕這個選項時，這代表損失和利得的金額相等，但我們會放大了損失帶來的感受。

用式子表示等量損失和利得的絕對值大小如下：

$$-v(-x) > v(x)$$

讓我們從上述的選項，試著導出這個式子。

假如 x ＞ y ≧ 0，則相對於（x, 0.5；－ x, 0.5）
我們偏好（y, 0.5；－ y, 0.5）。
也就是 v（y）＋ v（－ y）＞ v（x）＋ v（－ x）
因此 v（－ y）－ v（－ x）＞ v（x）－ v（y）
這裡假如 y = 0
則－ v（－ x）＞ v（x）

據康納曼和特沃斯基測量的結果，同等大小的利得和損失，比如說，1000 元的利得和 1000 元的損失，後者的絕對值是前者約 2 ～ 2.5 倍大。同等大小的利得和損失，損失帶來的感受比利得大得多。

從圖 4-1 來看損失趨避，損失的價值函數的斜率，比利得的斜率陡，其連接原點的曲線呈現陡峭而非緩斜的形狀。

如本章開頭的引文，亞當·斯密也注意到損失趨避的現象。

特沃斯基用了一個有趣的例子說明損失趨避：

「人類獲得喜悅的機制，最重要且最大的特徵就是，比起正面的刺激，我們對負面的刺激要敏感得多。……你覺得今天的心情有多好，然後試著想像一下，你的心情有多少機會可以變得更好。……可以讓你的心情變得更好的方法應該有好幾個，但能破壞心情的事情卻是無限多個。」

價值函數的數值範例

假設以 x 為參考點（x ＝ 0），其利得為（x ＞ 0）或
損失（x ＜ 0）時，

$$v(x) = \begin{cases} x^a & (\text{x} \geqq 0 \text{ 的時候}) \\ -\lambda(-x)^\beta & (\text{x} < 0 \text{ 的時候}) \end{cases}$$

以下舉數值範例，說明具有這種特質的價值函數。

特沃斯基和康納曼測量出上式的典型例子為：$\alpha = \beta =$
0.88，$\lambda = 2.25$。λ 稱為損失趨避係數，如前所述，損失帶來
的感受是利得的 λ 倍大（於此例為 2.25 倍）。$0 < \alpha, \beta < 1$
顯示敏感度遞減。

讓我們以這個函數為基礎，試著計算利得和損失。

當利得為 100 時：$v(100) = 100^{0.88} \fallingdotseq 57.54$

當損失為 100 時：$v(-100) = -2.25 \times 100^{0.88} \fallingdotseq -129.47$

同樣大小的利得和損失，損失帶來的影響明顯大於利得。

接著讓我們來看敏感度遞減。連續獲得二次 100 的利得，
與只獲得一次 200 的利得相比，前者帶來的價值較大。

前者：$v(200) \times 2 = 57.54 \times 2 = 115.08$

後者：$v(200) \fallingdotseq 105.90$

而同等損失的敏感度遞減呢？連續二次 100 的損失與只有一次 200 的損失相比。

前者：v（−100）×2 ＝−129.47×2 ＝−258.94

後者：v（−200）≒−238.28

損失兩次帶來的感受較大。

無論是利得還是損失，「連續發生兩次」的價值總和大於「一次獲得兩回」利得或損失的價值，這代表著每一次的利得和損失，參考點都會發生移動。也就是說，一次利得和損失所得到的結果，會成為下一次評價利得和損失時的參考點。而一次獲得兩回的利得和損失之後，參考點並未發生改變，這表示參考點移動的發生相當快速。

機率加權函數

除了價值函數之外，展望理論另一個主題是機率加權函數。預期效用理論認為，機率與結果的效用相乘後，會產生預期效用。亦即，x 所帶來的預期效用為：

（x 產生的機率 p）×（x 的效用）

此時，機率在所有數值的差與倍率維持一定的情況下帶來影響。也就是機率 0.5 為 0.1 的 5 倍，而 0.2 和 0.3 的差，與 0.3

和 0.4 的差相等。像這種機率與效用的結合，稱為機率的線性關係（linearity）。

如上一章所討論的，我們時常使用捷思直覺地判斷機率和頻率，另一方面，各種不同的數據應該也提供了客觀的判斷。像那樣以不同的比重，評價主觀或客觀機率的現象，是展望理論的核心議題之一。

也就是說，不同的決策者未必會直接接受機率，即便機率是三分之一，內心的感覺未必是三分之一，而是再次詮釋、調整其權重後才會接受。

因此有別於預期效用理論，在展望理論中，機率會被賦予非線性的權重。例如，機率 0.5 未必是 0.1 的 5 倍權重，而 0.01 未必是 1 的百分之一的權重。機率的值不會直接乘上效用，而是加上評價，也就是加權後才跟效用相乘。因此，整體的評價是由價值函數 v 與加權之後的機率 p，也就是機率加權函數 w（p）所決定。

亦即，當 x 因機率 p 而出現時，其整體的價值會是：

$$w（p）v（x）$$

此外，假設標準化為 w（0）＝ 0，w（1）＝ 1 的時候，機率 p 與加權 w（p）的關係會變成怎樣？

圖 4-2 的逆 S 形為機率加權函數 w（p），直線則代表機率的線性關係。

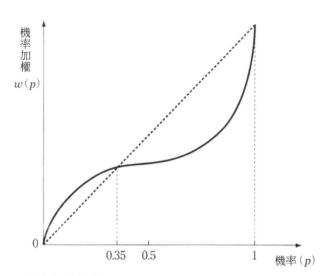

圖 4-2　機率加權函數

　　如圖中機率加權函數 w（p）所示，依據康納曼和特沃斯基的實驗結果，證實我們會高估低機率，然後當機率超過一半、越來越大時，則會低估之。他們也計算出，函數與直線的交點，也就是機率幾乎等同於加權後的機率，是機率約 0.35 的時候。

　　與價值函數相同，機率加權函數也會出現敏感度遞減。

　　亦即，機率從「0 變成 0.1」以及「0.9 變成 1.00」時，所帶來的心理影響會大於「0.3 變成 0.4」或是「0.6 變成 0.7」。

　　在評價機率之際，其自然參考點是機率 0 與機率 1。因此，機率從 0 開始增加時，機率加權函數 w（p）往上凸；而機率從 1 開始減少時，機率加權函數 w（p）則往下凸。

　　嚴格來說，與利得相關的機率加權函數，以及與損失相關

的機率加權函數多少有些差異，但函數形狀幾乎相同，而且保留所有特有的性質，因此將兩者視為同一函數也沒什麼問題。

機率加權函數的數值範例

$$w\left(p\right) = \frac{p^{r}}{\{p^{r}+\left(1-p\right)^{r}\}^{1/r}}$$

典型的機率加權函數如上式所示。

特沃斯基和康納曼測量出 $\gamma = 0.65$。

在表 4-1，機率 p 的值以 w（p）表示。

很明顯的，w（0）= 0, w（1）= 1。

從這個表可以得知，機率低於 0.35 時會被高估，而高於 0.36 則會被低估。

而且，在一般機率，發生某個現象的機率 p，與不發生的機率（1 − p）相加會是 1，這個理所當然的性質在機率加權函數並不成立，去掉 0 與 1 之後，機率加權函數的機率 p 為：

w（p）+ w（1 − p）< 1

這個性質稱為次可加性（subadditivity），從表 4-1 的數值也可以看出這樣的性質。

越接近機率加權函數的兩端，亦即趨近機率 0 和機率 1 的斜率越陡，但機率中等的斜率卻相當平緩，給人「平坦」的感覺。換句話說，也就是我們對機率中等的變化敏感度低，但是對接近機率為 0 和 1 的極端數值卻敏感度高。

p	$w(p)$
0.01	0.05
0.05	0.12
0.1	0.18
0.2	0.26
0.3	0.32
0.35	0.354
0.36	0.359
0.4	0.38
0.5	0.44
0.6	0.50
0.7	0.56
0.8	0.64
0.9	0.74
0.99	0.93

表 4-1　機率與加權（數值範例）

喬納森・拜倫（Jonathan Baron）指出，人類並非將機率視為數值，而是可能將之分為「必然發生」（p＝1）、「不可能發生」（p＝0）、「可能發生」（0＜p＜1），以直覺判斷。

而且必然發生和可能發生之間，以及可能發生和不可能發生之間，有相當大的落差，其展現在機率加權函數的劇烈變化上。

看來高估低機率、低估高機率的現象，似乎是人類在判斷機率時形影不離的普遍特徵。圖 4-3 呈現各種死因的發生件數（橫軸），與其主觀估計（縱軸）之間的關係。

圖 4-4 顯示字母出現於報紙、小說等文章的頻率（橫軸），與其主觀估計（縱軸）之間的關係。無論是圖 4-3 或圖 4-4，都顯示出高估低機率、低估高機率的情況。

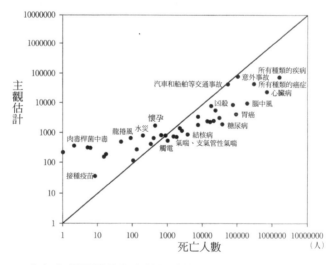

圖 4-3　全年各種死因的發生件數（據統計）

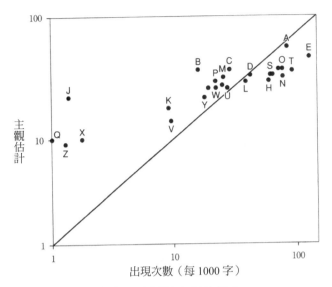

圖 4-4　字母出現於報紙、小說等文章的頻率

確定性效應

　　人類特別重視確定結果的傾向，稱為「確定性效應」。這個特質是由法國諾貝爾經濟學獎得主莫里斯・阿萊（Maurice Allais）所發現，提供了批判預期效用理論的實證依據，是針對預期效用理論最早的批評。

　　相關範例請見下頁的問題 4。

問題 4
    A：（500 萬，0.10；100 萬，0.89）
    B：（100 萬，1）
問題 4'
    C：（500 萬，0.10）
    D：（100 萬，0.11）

半數以上（53%）的受試者，在問題 4 對 B 的偏好大於 A，而在問題 4' 對 C 的偏好大於 D。從預期效用理論來看，這是矛盾的。因為對 B 的偏好大於 A 意味著：

$$U（100 萬）> 0.10U（500 萬）+ 0.89U（100 萬）+ 0.01U（0）$$

另一方面，對 C 的偏好大於 D 則會導致這樣的結果：

$$0.10U（500 萬）+ 0.90U（0）> 0.11U（100 萬）+ 0.89U（0）$$

第一個式子可以轉變成：

$$0.11U（100 萬）> 0.10U（500 萬）$$

從第二個式子則得到不等號相反的式子，明顯矛盾：

$$0.10U（500 萬）> 0.11U（100 萬）$$

阿萊將受試者高度重視確定可得結果（亦即機率為 1）的傾向，命名為「確定性效應」。因發現者為阿萊，此現象多稱

為阿萊悖論（Allais paradox）。康納曼和特沃斯基的實驗也得到相同的結果。順帶一提，曾為預期效用理論頭號擁護者的倫納德‧薩維奇（Leonard Savage），在 1952 年於巴黎舉行的學會席上，面對阿萊提出的上述問題，也回答了相同矛盾的答案。

這個悖論可用展望理論來說明，也就是說，不再是悖論了。運用價值函數和機率加權函數來表示的話，第一個式子：

$(1 - w(0.89)) U(100 萬) > w(0.10) U(500 萬)$

第二個式子：

$w(0.10) U(500 萬) > w(0.11) U(100 萬)$

兩式合併：

$(1 - w(0.89)) U(100 萬) > w(0.11) U(100 萬)$

$\{1 - (w(0.89) + w(0.11))\} U(100 萬) > 0$

而因為機率加權函數具次可加性的特質，因此：

$w(0.89) + w(0.11) < 1$

兩個式子沒有矛盾，是同時成立的。

風險態度的四種型態

根據康納曼和特沃斯基等人的實驗觀察，在低機率的情況，面對利得呈現風險偏愛，面對損失則呈現風險趨避；在中等機率到高機率的情況，面對利得呈現風險趨避，面對損失則呈現風險偏愛。這代表著高估低機率，導致面對利得呈現風險

偏愛,面對損失則呈現風險趨避的結果;而低估中高機率,造成面對利得呈現風險趨避,面對損失則呈現風險偏愛的結果。因此,如表4-2所示,風險態度與利得和損失的關係有四種型態。

表 4-2　風險態度的四種型態

機率	利得	損失
中高	風險趨避	風險偏愛
低	風險偏愛	風險趨避

　　藉由這個風險態度的型態,使我們能夠理解,為何即使中獎機率極低,大家卻爭相購買樂透;就算感染的可能性非常低,卻因為害怕狂牛症而聞牛色變。

　　讓我們用圖 4-5 來檢視這個型態。

　　圖 4-5 的圖形表示,當利得為 100 時,機率 p(橫軸)與整體評價 w(p)v(100)的關係。

　　v(100)≒ 57.54

　　因此,此圖形的機率加權函數 w 以 57.54 倍表示。

　　這完整保留機率加權函數的特質,而呈現出圖 4-5 的樣子。

　　機率為 0.05 的時候:

　　w(0.05)v(100)≒ 6.9

　　0.05v(100)≒ 2.9

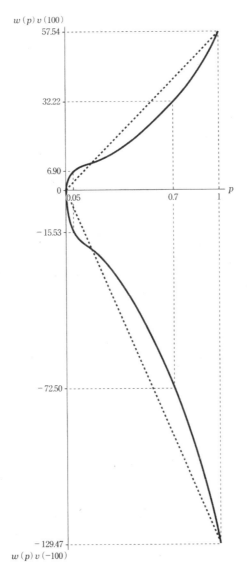

圖 4-5　以函數圖形表現有關風險態度的四種型態

因此前者比後者，亦即機率加權時，會比直接評價機率 0.05 的時候還要有吸引力，也就是出現風險偏愛的情況。而這個特質，在機率超過 0.35 時會發生逆轉，中高機率會出現風險趨避的現象。

損失＝－ 100 的情況，顯示於圖形的下方。請留意，損失帶來的感受是利得的 2.25 倍大。同樣的，從圖形可以得知，機率小的時候，呈現風險趨避；而機率中高的時候，呈現風險偏愛。

決策的編輯過程與評價過程

展望理論假設，我們在進行決策時會經過兩個過程。首先，最初是「編輯」的過程，與決策相關的行為、條件、結果等皆為編輯，而參考點的選擇也被視為「編輯」的過程。

下一個過程是「評價」。首先運用價值函數，評價對象物的價值；接著運用機率加權函數，針對對象物的發生機率進行加權（前面兩項的作業順序可能相反，也可能同時進行）；然後加以評價，計算加權機率後的結果，給予目標對象綜合評價。當結果為複數的情況，也就是，例如買樂透中 100 萬元的機率為 p、中 5 萬元的機率為 1 － p 的情況，我們會個別評價後加以總和，決定這個這個選項的價值。

亦即，產生某個結果 x 的機率為 p，結果 y 的機率為 q，其整體價值為：

$$V = w（p）v（x）+ w（q）v（y）$$

請留意，像這種編輯過程與評價過程的作業，不僅限於系統二有意識地計算，也有很多情況是在系統一的運作下，自主、無意識地進行。

艾爾斯伯格悖論

最後來介紹與展望理論沒有直接關係，卻跟上述阿萊悖論同樣是廣為人知的預期效用理論反例「艾爾斯伯格悖論」（Ellsberg paradox）。

題外話，這個悖論的發現者丹尼爾・艾爾斯伯格（Daniel Ellsberg），於哈佛大學取得博士學位之後，進入美國國防部工作，後因向媒體披露該部的〈五角大廈機密文件〉，成為眾人皆知的人物。另外，他也在伊拉克戰爭期間，於公園進行反戰示威而遭到逮捕。

閒談就到此為止。艾爾斯伯格悖論是由以下選擇問題所產生。請見下頁的問題 5 討論。

問題 5

　　在某個不透明的壺當中有 90 顆球。其中 30 顆是紅球，剩下的 60 顆球為黑色和黃色，兩者的比例未知。選擇一個顏色，若猜中抽出的球的顏色，就可獲得獎金 100 美元。首先，你會猜紅色還是黑色呢？

　　接著，預先選擇 2 個顏色，若猜中某一方就可獲得獎金。你會猜紅色或黃色，還是黑色或黃色呢？

　　大多數的受試者，在第一個問題會選紅色，在第二個問題會選黑色或黃色。這個結果違反了預期效用理論的前提。因為無論在哪個問題，黃色都會導致相同的結果，因此不會帶來影響，可以忽視（請參見表 4-3）。如此一來，剩下的色球在兩個問題中會帶來相同的結果，因此選擇必須維持一致。

表 4-3　艾爾斯伯格悖論

	30 個紅	60 個	
		黑	黃
問題 5 ①			
紅	$100	0	0
黑	0	$100	0
問題 5 ②			
紅 或 黃	$100	0	$100
黑 或 黃	0	$100	$100

　　但多數受試者的選擇卻是矛盾的。

　　法蘭克・奈特（Frank Knight）分類廣義的不確定性，將現象的機率分布完全已知的狀態稱為「風險」，機率分布完全未知的狀態稱為「不確定性」。一般而言，無論是哪一種狀態都可以稱為不確定性，因此容易混淆，但問題 5 壺中的黑球和黃球，卻不符合任何一種分類，不是風險也不是不確定性。因為那個問題的機率分布，並非完全未知，也非完全已知。

　　艾爾斯伯格指出，我們必須思考兩者的中間階段，並將這個狀態取名為「模糊」（ambiguity）。問題 5 受試者的偏好，呈現出我們有模糊厭惡（ambiguity aversion）的傾向。

第 5 章

展望理論（二）：應用篇

對「所有物」的執念

我們行為規範的大部分，不是來自良心和理性，而是世人的眼睛。而所謂世人指的是，在我們身邊評價著我們的人。

——英國作家威廉‧哈茲列特（William Hazlitt）

《箴言集》（*Characteristics*）

慣性不僅限於物理世界，也是社會世界的特質。

量化損失的價值與感受

上一章所討論的，就機率可能在未來帶來利得和損失的意義上，是一種帶有風險的選擇。但即便無風險，也就是決策者理解機率為 1、現象必然發生的情況，也可以運用展望理論的價值函數來表示。

換言之，即便是無風險、確定會發生的情況，上一章所討論的參考點依賴和損失趨避，也會對判斷和選擇帶來各種不同的影響。此為本章要探討的主題。

無異曲線（indifference curve）是傳統個體經濟學的分析工具。對消費者理論、需求理論，甚至是市場理論而言，無異曲線扮演了重要的角色。如圖 5-1 所示，橫軸代表 x 財貨的數量，縱軸代表 y 財貨的數量，不同的數量組合（例如 A 和 B）帶來的效用是相同、無差異的，此組合的軌跡連接起來就是無異曲線。x 和 y 無論是何種財貨皆可，例如可以把 x 當成蘋果，y 當成橘子。

理所當然的，傳統的無異曲線是由財貨 x 和 y 數量組合的

絕對值所決定，並不依賴初始值（參考點）。然而，展望理論
因為參考點的引進，以及損失規避的特質，使其無異曲線有別
於傳統理論的無異曲線。

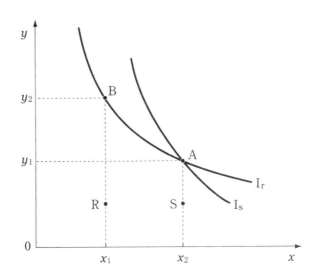

圖 5-1　無異曲線相交

　　在圖 5-1，假設從參考點 R 來看，A 和 B 沒有差異，此時
無異曲線為 I_r。

　　假如只從參考點 R 來看財貨 x 的數量增減，與 R 相比，A
的 x 增加了 $x_2 - x_1$，而 B 的 x 增減則為零。同樣的，只從參
考點 S 來看財貨 x 的增減，與 S 相比，A 的 x 增減是零，而 B
則減少了 $x_2 - x_1$。關於 y 的增減，無論從 S 來看還是 R 來看
都一樣，因此可以忽略。

因此，從 R 來看 A 的價值，與從 S 來看 B 的價值，後者的價值會比前者小。所以，以 S 為參考點時，穿過 A 的無異曲線 I_s，會通過 B 的上方。也就是說，從 R 來看，A 的財貨 x 會比 B 大 $x_2 - x_1$；從 S 來看，B 的財貨 x 會比 A 小 $x_2 - x_1$。因損失趨避的特性，後者帶來的負面感受，會比前者帶來的正面感受大。因此從 S 來看，A 和 B 不再無差異，對 A 的偏好會大於 B。

也就是依據不同的參考點，A 和 B 的無異關係會產生變化。因此，兩條無異曲線相交，傳統經濟學理論上的無異曲線便失去了意義。

損失趨避的兩大影響

在第 4 章所討論的損失趨避，會對人類行為帶來兩個影響。其中一個為塞勒命名的「稟賦效應」（endowment effect，或譯自珍效應），另一個則是威廉·薩繆生（William Samuelson）和理查·薩克豪澤（Richard Zeckhauser）所提出的「維持現狀偏誤」（status quo bias）。

讓我們先來看稟賦效應。稟賦效應是指，比起未擁有時，我們會賦予實際擁有某件物品或處於某個狀態（不僅限於財富，也包含身分地位、權利、意見等）時較高的評價。

塞勒舉了個例子，有人在 1950 年時，用一瓶 5 美元的價格購買了 5 瓶紅酒，現在每瓶紅酒價值為 100 美元，卻不願出

售，而且也不願付出高於 35 美元以上的價格加購同樣的紅酒。

稟賦效應在兩個意義上，具體呈現了損失趨避的特質。第一，當我們放棄（出售）自己所擁有的某件物品時，會覺得是損失；而獲得（購入）某樣東西時，會覺得是利得。第二，我們會將支付金錢購買某物視為損失，而將出售某物所獲得的金錢視為利得，但因為損失趨避的特質，使得無論是哪一種情況，我們都會覺得損失帶來的影響大於利得。因此當人迴避損失時，就會不想放棄所有物，使我們對實際擁有的東西產生執念。

此外，許多實例證明，面對同樣金額的機會成本與實際支出的成本，一般而言我們會給予後者較高的價值，這樣的偏誤可以用稟賦效應來說明。我們將實際支出的成本視為損失，但未必會將機會成本視為損失，因為機會成本是可以得到，但實際上並未得到或無法得到的利得。所以即便兩者大小相同，人們也會因為損失趨避，而高估實際支出的成本、低估機會成本。

最早證明稟賦效應存在的是傑克・柯內許（Jack Knetsch）和約翰・辛頓（John Sinden）。

他們給實驗參與者一張樂透彩券或現金 2 美元，兩者比例各半，然後讓受測者有機會交換樂透彩券或現金 2 美元。但幾乎沒有受試者選擇交換，無論是拿到樂透彩券的人，或是拿到現金 2 美元的人，都認為自己擁有的東西，比對方擁有的東西還要有價值。

雖然像這樣的偏好，有可能是剛好把樂透彩券，給了認為樂透彩券比較有價值的人；而剛好把現金 2 美元，給了認為現

金2美元比較有價值的人所產生的，但那樣的可能性極低。亦即，稟賦效應發揮了作用。

柯內許在其他實驗也得到了相同的結果。

實驗將參與者分成三組，第一組的參與者拿到馬克杯，他們可以選擇持有，或是拿馬克杯交換400克的巧克力棒。第二組的參與者和第一組相反，他們拿到巧克力棒，而且有機會交換成馬克杯。實驗設計成讓受試者交換時一點也不費功夫，因此幾乎可以忽略交易成本。然後讓第三組的參與者，按喜好自由選擇馬克杯或巧克力棒。

實驗結果為，第一組有89％的人偏好馬克杯，也就是選擇不交換巧克力棒。另一方面，第二組有90％的人偏好巧克力棒，也就是並未期望交換馬克杯。實驗的結果顯示，參與者並未因第一印象而偏好哪一方，此可由第三組對馬克杯和巧克力棒的偏好各半，得到證據支持。

然而，第一組有89％的人偏好馬克杯高過巧克力棒，但是在第二組卻只有10％的人偏好馬克杯，落差甚大，這樣的結果顯示稟賦效應的影響強烈。

雖然也有人主張，藉由市場壓力或學習，可以減少稟賦效應的發生，但康納曼、柯內許、塞勒透過多達七百人模擬市場交易的大規模實驗，證明稟賦效應是分布廣泛且影響深遠的現象，即便在純粹的市場機制下也會發生。

願意接受與願意支付的差距

由於稟賦效應的影響，為了補償出售的某物（包含權利、自然環境、經濟狀況、健康狀況等）時，人們願意接受的最低價格〔願意接受金額（willingness to accept，以下簡稱 WTA），與為了取得某物願意支付的最大金額〔願意支付金額（willingness to pay），以下簡稱 WTP），二者產生了差距。

也就是說，「要放棄所有物時」所要求的補償金額會大於「未擁有此物、欲取得時」的願意支付金額。這樣的現象與新古典學派的效用理論並無矛盾，其理論預測，WTA 和 WTP 會因為所得效果而產生差距。但一般而言差距不大，因此理論認為，無論是使用 WTA 或 WTP 評價對象物，都不會有太大的差距。但實驗的結果，完全不符合效用理論的預測。

康納曼和柯內許等人，針對各種對象進行了 WTA 和 WTP 差距的調查。

他們假設，實驗參與者擁有濕地、海釣場、郵寄服務、公園樹木等項目的所有權和使用權，一般而言這些權利不會在市場交易。他們調查參與者放棄那些權利時，希望得到多少金額作為補償（WTA），以及雖然現在未擁有那樣的權利，但為了讓那些權利持續維持現在的狀態，願意支付多少金額（WTP）。

結果 WTA 竟然高出 WTP 2 ～ 17 倍之多，而且也無法利用所得效果和策略性謊言說明原因。

像這樣 WTA 和 WTP 的差距，嚴重挑戰了傳統經濟學的核

心概念，也就是兩個無異曲線絕對不會相交的特質。這個特質的成立與否，是以無異曲線的「可逆性」，此一特質為不成文前提。

亦即，假如行為主體擁有財貨 x，將財貨 x 交換成 y 時並無差異的話，反過來當行為主體擁有財貨 y 時，將財貨 y 交換成 x 也不會有所差異。但是當 WTA 和 WTP 因稟賦效應而產生差距時，這個可逆性便不成立。亦即，若從出發點（參考點）的移動方向不同，就會產生不同的無異曲線，而且曲線會發生相交（請參見圖 5-1）。

柯內許也證實了這個無異曲線的不可逆特質。他運用電話訪談，請受訪者在現在所得 700 美元的變化，以及遭遇意外事故必須住院一年的機率為 0.5％ 的變化當中做選擇。

他詢問第一組的人，假設作為遭遇意外事故的機率從 0.5％ 增加到 1％ 的補償，可以得到 700 美元，是否願意接受那個條件，結果有 61％ 的人拒絕。這個結果代表，對大多數的人而言，這個機率的變化具有高於 700 美元的價值。

而詢問另一組受試者的問題則相反，亦即假如遭遇意外事故的機率從 1％ 減少到 0.5％ 的話，是否願意減少 700 美元的所得，結果只有 27％ 的人接受。也就是對大部分的人而言，這個機率降低的價值低於 700 美元。

也就是說，參考點的移動方向不同，偏好就會不一樣。在這個實驗當中，第一組有 39％ 的人，比起機率的變化，他們比較偏好 700 美元；而第二組有則有 73％ 的人，比起機率的變化，

更偏好 700 美元。

此外，因稟賦效應所產生的 WTA 和 WTP 的差距，也嚴重質疑了公共政策的理論基礎成本效益分析（cost-benefit analysis）。成本效益分析是政府評估公共建設計畫之際，計算此計畫實際執行時，對社會所有成員帶來的成本與效益，藉此判斷是否執行計畫的方法。

例如建造公園之類的公共建設，必須計算公園帶來的效益，但公園不是一般市場中交易的財貨，因此評估效益時會產生各式各樣的困難。那個時候經常使用的就是「假設性市場評價法」（contingent valuation method，以下簡稱 CVM）。這個方法是建立一個假想的市場，利用實驗測量效益。無論是哪種財貨和服務的效益皆適用 CVM，因此近來廣為公共財的提供、公共建設、環境等廣泛領域的效益評估所使用。CVM 的重點在於，請受試者回答 WTA 和 WTP，以金額來表示效益。

這個時候，假如 WTA 和 WTP 產生差距，應該要採用哪一個數值才妥當呢？關於這個問題應如何判斷，至今尚未有定論。

以下為塞勒所列舉的實驗，也是 WTA 和 WTP 產生差距的例子。他向學生詢問了兩個問題。

第一個問題是：「假設你感染到某種一周以內就會死亡的致命病菌，感染的機率為 0.001，你願意支付多少錢治療這個疾病呢？」第二個問題則是：「現在正招募協助研究這個疾病的志工，協助的內容是，暴露在上述疾病感染機率為 0.001 的

致病環境裡。假如無法接受治療，請問至少要支付你多少錢，你才願意參加這個研究呢？」

最常見的答案是，第一個問題的回答是 200 美元，第二個問題的回答是 1 萬美元。

也有批評者指出，現實當中 WTA 和 WTP 的差距不會這麼大。WTA 和 WTP 差距的調查實驗，只不過是以學生為對象，在沒有充分金錢誘因的實驗室裡所進行、且與現實脫節的財貨價值評估實驗。

但近來，約翰‧霍洛維茲（John Horowitz）和肯尼士‧麥康諾（Kenneth McConnell）統整過去 45 份研究，做出了以下的結論。

首先，WTA 大約是 WTP 的 7 倍；第二，在市場中交易的一般財貨，WTA 和 WTP 的比率小，在公共財和環境這類非市場財貨的比率大；第三，即便請市民評估實際的財貨，而非以學生為對象的實驗室實驗，也不會降低這樣的傾向。而且得知，即便反覆進行相同的評估，這樣的差異也不會因此消失。上述批評完全不合理，WTA 和 WTP 的差距是經常發生的現象。

WTA 和 WTP 的差距，使得諾貝爾經濟學獎得主羅納德‧寇斯（Ronald Coase）所提出的理論，也就是傳統經濟學經常提到的「寇斯定理」（Coase theorem）不成立。寇斯定理指的是，當 AB 兩人的利害關係對立，例如企業 A 生產的財貨會帶來公害，使居民 B 受害，這個時候無論是 A 補償 B，還是 B 收購 A 以停止公害發生，只要能夠忽視交易成本，摒除所得分

配的差距，兩者的結果會相同，達到最有效率的狀態。

　　寇斯定理當然也將 WTA 和 WTP 的一致性，視為不成文前提。但現在那樣的前提已不再成立。也就是說，同樣都是企業 A 導致公害的發生，從 A 擁有生產財貨的權利出發，或者是居民 B 擁有舒適環境的權利出發，出發點的差異會因為稟賦效應而變得極為重要。

己物自珍：市場的稟賦效應

　　稟賦效應也有可能會對市場和交易帶來影響。

　　當稟賦效應發生，應該會使得交易的利益減少。對彼此都有利的交易減少，因此與傳統經濟學理論的預測相比，交易量會減少。例如，農地所有權人對土地的情感特別深厚，即便收購價格高於市價，也不願出售土地的情況很常見。這是稟賦效應導致交易減少的好例子，眷戀的情感應該是促使稟賦效應發生的原因之一。

　　但是在康納曼和柯內許的實驗當中，發給參與者的馬克杯和巧克力棒是隨機分發，對參與者而言只是偶然拿到的東西，像這樣的財貨也會發生稟賦效應，因此無法以長年擁有的深厚情感來說明，納坦・諾文斯基（Nathan Novemsky）和康納曼將之稱為「瞬間的稟賦效應」。這種心理機制至今尚未解明。

　　稟賦效應也發生於企業之類的組織。想保護自己的立場和地位，對自己所屬的部門有特別的情感，這些狀況也可能會對

組織的人力資源政策和激勵政策帶來影響。

此外，對於因歷史偶然和好運所得到的財產和既得權，稟賦效應也會產生作用，因此政府的許可授權、證照等各種法律上的權利（所有權、使用權），也會連帶發生稟賦效應。當規範鬆綁，所有人被迫放棄權利時，引發的抵抗可能會超乎想像。

另一方面，諾文斯基和康納曼推測，若財貨不是拿來使用，而是為了再次銷售和換成現金才擁有時，可能不會產生稟賦效應。他們發現，利用沒有使用價值、可以馬上兌現的代幣進行實驗時，稟賦效應極小。

此外，約翰・李斯特（John List）觀察球員卡在真實市場上的交易，也證實了上述現象。在經驗豐富、有多次交易經驗的買賣老手身上看不到稟賦效應，因此李斯特認為，以販賣為目的而擁有的財貨不會產生稟賦效應，而貨幣一般是為了交換（購入）財貨而擁有，因此不會將放棄貨幣視為損失，因此貨幣也不會發生稟賦效應。

而針對「進行交易的兩方是否能預測稟賦效應」這個疑問，凡・柏芬（Leaf Van Boven）和羅文斯坦做出的結論是，無論是買方還是賣方都無法正確預測。

另外，稟賦效應是只對「現在」的所有物有影響？還是對「過去」擁有的歷史紀錄也有影響？關於這點，凡和羅文斯坦舉例指出，我們也依賴過去擁有的歷史紀錄。

持有慣性：維持現狀偏誤

　　損失趨避所導致的另一個特質是「維持現狀偏誤」，意指人類有避開改變現狀的傾向。

　　也就是說，只要對現有的狀態並非厭惡至極，改變現況可能有變好和變壞兩種結果，此時，若損失趨避的特質發揮作用，就會增加維持現狀的傾向。

　　最初發現這個偏誤的是薩繆生和薩克豪澤，他們進行了以下模擬實驗，詢問第一組受試者下列中立問題（作為比較的基準）。

　　「你是報紙投資專欄的忠實讀者，但一直沒有可投資的餘裕資金。但是你最近繼承了一大筆來自大伯的現金遺產，想要分散投資。現在有以下四個投資選項：風險頗低的企業股票、風險頗高的企業股票、中央政府財務部債券、州債。這四個選項當中你會選哪一個呢？」

　　他們詢問另一組受試者的問題，跟第一組只有一個地方不一樣，其中一個選項為問題的「現狀」。

　　另一組的問題是「（開頭和第一組相同），但是你最近繼承了大伯的現金和證券遺產，大部分的證券是風險頗低的企業股票（以下相同）。」

　　接著他們分別向各組詢問，以其他不同選項作為現狀（初始狀態）的情境問題，觀察各選項在作為現狀及非現狀時，獲受試者選擇的程度多寡。

　　結果無論是哪一個選項，當選項為現狀時，會比非現狀時被更多受試者選擇；而且選項越多，越多人選擇現狀。

　　此外，雷蒙德‧哈特曼（Raymond Hartman）等人調查顯示，維持現狀偏誤在公共政策上具有重要意義。他們依據實際的數據，針對加州的電力消費者進行服務可靠度和電費偏好的調查。

　　消費者分成兩組，第一組是服務可靠度高（一年停電三次），契約電費也高；第二組則是服務可靠度低（一年停電十五次），契約電費比第一組低30％。他們分別向各組提示六種，包含雙方現狀之服務可靠度和電費的組合，詢問受試者的偏好。

　　結果顯示，在公共議題上也觀察到強烈的維持現狀偏誤。

　　第一組受試者有60％偏好現狀，選擇第二組電費便宜30％條件只有不到6％的人。而即便服務可靠度低，第二組受試者也有58％偏好現狀，選擇第一組服務可靠度較高條件的僅有6％。

　　公用事業服務的可靠度會對公用事業間的資源分配、事業規模的擴大、費用的訂定等，帶來相當大的影響，而針對真實的消費者進行問卷調查時，必須考量這類維持現狀的偏誤。

　　就不願跳脫現狀的意義上，維持現狀偏誤具有「慣性」。就像心理學家巴希勒爾（Maya Bar-Hillel）與莫尼斯基（Avital Moshinsky）所說的：「慣性不僅限於物理世界，也是社會世界的特質。」

薩繆生和薩克豪澤表示，「執著於現狀、依循公司的方針原則、再任一期現職、購買同品牌商品、待在同一個職場」，之類的傾向都與這種慣性有關。

此外，維持現狀偏誤也可以視為定錨於現狀，屬於一種錨定效應。

公平判斷的擺盪

我們大部分的人是消費者和勞工，針對商品價格、薪資、利潤等決策的行動，是依據什麼原則判斷是否符合公平呢？公平的概念和觀點多元，不存在絕對的定義。但康納曼、柯內許，與塞勒提出一種觀點，證實公平與損失趨避和稟賦效應有密切關係。

某個行為和狀態的變化是否公平，經常是依據參考點及其移動的方向進行判斷。因此，參考點定位在何處是重要因素。

康納曼和柯內許隨機挑選溫哥華及多倫多的市民，用電話進行下列問題的問卷調查。回答選項共有四種「非常公平、可以接受、不公平、非常不公平」，前面兩個選項計為「可接受」，後面兩個選項計為「不公平」。

以下列舉數道問題進行討論。

> **問題 1**
>
> 　某間小咖啡店有一名店員，店員在那間店工作了六個月，時薪 9 美元。咖啡店的生意良好，但附近的工廠關廠後，失業者增加。其他同規模的咖啡店，開始以 7 美元雇用員工，員工的工作量跟這間小咖啡店的店員相同。因此小咖啡店的老闆將員工時薪降到 7 美元。
>
> 〔調查結果：可以接受 17%，不公平 83%〕
>
> **問題 1'**
>
> 　（前面與問題 1 相同）小咖啡店的店員辭職了，咖啡店老闆以時薪 7 美元雇用新員工。
>
> 〔調查結果：可以接受 73%，不公平 27%〕

　在這個問題，員工目前的薪資成為參考點（參考薪資），據此判斷企業老闆的行為是否公平，但新進員工的薪資卻並非使用那個基準。對企業各種不同的交易對象（消費者、受僱者、承租人等）而言，市場價格、表定價格、過去的交易案例等，都會成為價格、薪資、房租等參考點。

　像那樣的參考點，有可能是歷史偶然所決定的，但卻在判斷是否公平時，扮演了重要的角色。從參考點調降時薪，這類勞動條件的惡化會被視為損失，對交易對象而言帶來損失的行為，第三者會將之判斷為不公平；亦即，某種稟賦效應發揮了作用。

康納曼等人將這種公平交易的原則，稱為「雙重權利」。

亦即，交易者擁有延續過去交易條件，作為參考點的權利；而企業則擁有收益平衡，作為參考點的權利。但企業不得為了增加利益，而擅自侵害作為交易對象參考點的價格、房租、薪資等權利，那樣做會被視為不公平。只不過，當作為企業參考點的利益受到威脅，而犧牲交易對象以維護利益，則未必會被視為不公平。

就像這樣，公平是以大眾認為當事人擁有某種權利為基礎進行判斷。

如同問題 1' 的回答所示，新進員工並未擁有前一位員工擁有的薪資權利，因此企業老闆的行為沒有被視為不公平。同時如下例所示，當簽訂新的勞動條件契約時，過去的薪資權利就會消失。

問題 2

油漆行雇用了兩位助手，支付他們時薪 9 美元。但油漆行結束營業，改行做庭園造景，庭園造景業的薪資行情低，因此給助手的時薪降到 7 美元。

〔調查結果：可以接受 63%，不公平 37%〕

公平與否的判斷會受到參考點偏離方向的影響，也就是從變動後的參考點去判斷，對交易對象而言是利得還是損失。此

機會成本與實際支付費用的差距，是稟賦效應導致的現象。

相對於「因企業的行為導致交易對象原可獲得的利得減少」的情況，「因企業的行為導致實際損失發生」時比較容易被判斷為不公平。同樣的，和損失趨避時的行為相比，其企業行為帶來利益時，也同樣較容易被判斷為不公平。

問題 3

某個熱銷車款出現供不應求的情況，欲購入者須等上兩個月。某經銷商原本是按定價銷售，現在將這個車款的售價調高 200 美元。

〔調查結果：可以接受 29%，不公平 71%〕

問題 3'

某個熱銷車款出現供不應求的情況，欲購入者須等上兩個月。某經銷商原本是以低於定價 200 美元的價格銷售，現在將這個車款的售價調回原價。

〔調查結果：可以接受 58%，不公平 42%〕

問題 3 和問題 3' 調漲的金額一樣，但是就公平與否的問題上，給人帶來不同的感受。

問題 3 以表定價格作為參考點，據此判斷顧客為損失，被視為是不公平的。另一方面，問題 3' 的參考點並不明確，若把

優惠價格作為參考點，恢復原價就會是損失；倘若把表定價格當作參考點，就會被視為無法得到的利得（機會成本），不公平的感受就小。

由此顯示，持後者看法的人不在少數。

不只是價格，相同的看法也適用於薪資。

問題 4

　　某間小型企業有數名員工，他們的薪資在那個地區是平均水準。最近公司業績的成長幅度不如以往，因此公司高層決定明年將薪資調降 10％。

　　〔調查結果：可以接受 39％，不公平 61％〕

問題 4'

　　某間小型企業有數名員工，他們每年都可拿到 10％的獎金，他們的薪資在那個地區為平均水準。最近公司業績的成長幅度不如以往，因此公司高層決定從今年起停發獎金。

　　〔調查結果：可以接受 80％，不公平 20％〕

　　當勞動供過於求時，薪資可能會出現「工資向下僵固性」（Downward wage rigidity，也就是薪資難以下調）。

　　近來杜魯門‧布雷（Truman Bewley）不斷強調這點。布雷主要是透過訪談雇主，驗證為何企業在經濟衰退期間裁員，

但是卻不太調降薪資的現象。

許多企業雇主表示，調降薪資會打擊員工士氣，連帶惡化公司業績，為避免那樣的狀況發生，所以不調降薪資。布雷指出，慷慨、互惠（禮讓往來的原理，請參見第 8 章）、公平扮演了重要的角色。

什麼是公平？

由上述可知，判斷企業的行為公平與否，參考點及其變動是極為重要的因素。從公平相關的研究分析，可以導出以下經濟學的意義。這些是無法從傳統經濟學理論導出的概念。

企業在決定價格、薪資、利潤等時候，必須把這點納入考量：對於交易對象（員工、顧客、承租人等）而言是否公平；也就是說，必須將公平作為一種規範進行決策。因此，即便在沒有公共、法律規範的情況下，企業也不可只追求利潤。即便短期內可以獲得高利潤，一旦因不公平的行為得到負評，長期而言利潤會是損失的，因此企業的行為必須自制。

企業守則是近來常見的議題，此時遵守法規的觀點備受重視。但不僅止於此，我們也應該從公平和道德的觀點來審視企業的行為。上述公平觀點是指，在不違法的行為前提，公平是企業必須加以考量的事項。

雖然我們無法立即判斷，企業將公平納入決策時的應考量因素，會對市場和經濟全體帶來何種影響。但有別於傳統經濟

學理論，應該會有下列影響。

首先，如問題 4 和問題 4' 所示，企業的公平觀念會對工資向下僵固性帶來相當大的影響。當勞動供過於求的時候，薪資會出現向下僵固性；實質薪資在通貨膨脹時的調整幅度，應該會比價格穩定時期要來得大。

其次，調降名目薪資會被視為不公平，引發強烈反彈；在通膨時不調降名目薪資，但下調實質薪資是可能的，因為這不會被視為不公平。

此外，比起每個月單發薪水的支薪方式，以薪水加上獎金的方式給付薪水，在業績衰退時用減少獎金來調薪，比較不會引發受僱者的反抗；如此可以減少通膨，降低失業率。

康納曼等人進行此研究的當時（1980 年代末期），便主張日本的低失業率，就是因為這種可調整的獎金制度發揮功效。此外，即便薪水總額相同，比起所得隨時間遞減，我們比較偏好所得隨時間遞增（請參見第 7 章第 192 頁）。這種給薪制度會影響受僱者，因此也可發揮降低受僱者跳槽、辭職的作用。

近幾年日本式的經營飽受批評，許多人主張應引進歐美風格的成果主義、競爭原則，但最近又出現重新評價日本式經營的聲音。這節討論的內容，可以說重新認識了日本給薪制度的有效性吧。

如何才是公平分配

接著讓我們來看看公平分配的問題。

這裡也並非依據一般的觀點或傳統經濟理論，而是關注參考點依賴和損失規避的特質，來討論公平分配的問題。

在思考公平分配之際，必須將「分配」與「重分配」兩個面向的判斷納入考量。在分配的面向，依據財貨數量或財富水準所決定的效用（評價），會成為思考公平時的基準。傳統經濟學公平分配的概念，便僅以此面向為焦點。

然而，就重分配的面向而言，必須觀察狀態的變化。這個時候，如同展望理論指出的，參考點的移動是決定效用的因素，據此判斷是利得還是損失的結果大不同。如前面所討論的，公平與否的判斷也是依據參考點的變化。

相較於分配的面向，損失趨避的特質在重分配的面向較為重要。某人對分配，亦即對財富水準的評價，會同時以「自身財富的絕對水準」與「他人的財富水準」作為評價基準。獲得的分配低於基準的人，會覺得那是損失，反過來則視為利得。

但是在重分配時，參考點的基準，並非由他人的狀態所決定，而是自己過去的狀態。低於財富的參考點，應該會覺得是損失，而高於參考點會覺得是利得。因此重分配的價值，會因損失趨避的特質而減少。

從功利主義的觀點來看，從個體 A 重分配到個體 B，並非比較兩人重分配的結果所帶來的效用，而是必須比較 A 的損失

及 B 的利得的評價（效用），只要後者小於前者，這個重分配就無法合理化。但一般而言，像這種個體間的比較是不可能的。

康納曼和凱若‧維亞利（Carol Varey），從損失趨避的公平觀點，透過以下實驗來看分配和重分配。

問題 5

　　兩位罕見疾病的患者 A 和 B 正接受醫生的治療，若接受藥物治療，可減輕疾病帶來的疼痛。但那個藥物數量有限，醫生一天只能拿到 48 錠。醫生必須決定如何分配藥物給患者 A 和 B。以下是醫生以及兩位患者都知道的資訊。

　　減緩患者 A 一小時的疼痛需要 3 錠藥物，減緩患者 B 一小時的疼痛需要 1 錠藥物。

　　如果你是那位醫生，會如何分配 48 錠的藥物給 A 和 B 呢（假設分配後不進行交易）？

　　針對這個問題，回答「以雙方減緩疼痛的時間相等」為原則分配（A：36 錠，B：12 錠）的比例為 77%。

　　另一方面，若各分配 24 錠的話，A 可減緩 8 小時，B 可減緩 24 小時的疼痛。從減緩社會痛苦極大化（A 和 B 的總和）的觀點來看，各 24 錠的分配也是可能的，但選擇這個分配方式的人為少數。接著，以此作為思考重分配的出發點。

問題 5'

（情境設定與問題 5 相同，只是疼痛狀況不同）

減緩患者 A 和 B 一小時的疼痛需要 1 錠藥物。醫生各分配 24 錠藥物給他們，兩人的疼痛都獲得了減緩。這個狀態持續了好幾個月。但患者 B 的病情突然惡化，減緩一小時的疼痛變成需要 3 錠藥物。A 的病情則無變化。

如果你是那位醫生，會如何重新分配 48 錠的藥物給 A 和 B 呢（假設分配後不進行交易）？

針對這個問題，有 50％的人，選擇以疼痛時間同等為原則重新分配（A：12 錠，B：36 錠）。

答題者當中也有人表示，我們無權要求別人分擔他人不幸的權利，因此反對重分配。此外，改變問題內容，當其中一人的病情突然轉好，必須考慮重分配時，有 70％的人選擇以疼痛時間同等為原則重新分配。

雖然透過這類問題的回答，難以針對經濟分配問題，提供有意義的政策建議。但我們可以說，由此能得知，在思考分配與重分配的問題時，必須將狀態與狀態的變化分開思考，並且將狀態的變化帶來的評價（效用）高低，視為應探討的問題。那個時候，必須充分留意參考點依賴和損失趨避的特質。

像這種與公平觀點相關的行為經濟學研究，仍有很大的發展空間。但人們評斷公平與否的原則，對公共政策會帶來相當

大的影響，因此探究那樣的問題時，應該不可忽視參考點依賴和損失趨避的特質。

　　如同第 8 章將討論的，探討公共財的搭便車問題（Free-rider problem）、囚徒困境狀況下的合作行為等問題時，人對公平感受的研究，與以此為基礎的政策分析是不可或缺的。

第 6 章

框架效應與偏好的形成

偏好容易變動

採取理性行為時，我們當然會試圖從中做出最佳選擇，或是從互不相容的事物當中，找出最好的折衷方案。但人類在做抉擇，以及決定應考量因素時，有時也會誤判。

——經濟學家提博爾‧西托夫斯基（Tibor Scitovsky）

《無快樂的經濟》（*The Joyless Economy*）

> 有的人覺得杯子裝滿了一半，有的人覺得杯子一半是空
> 的，我則覺得杯子太大了。
>
> ——美國喜劇演員喬治‧卡林（George Carlin）

什麼是框架效應？

有人說，看到裝著半杯水的杯子，覺得「水還有一半」的人是樂觀主義者，覺得「水只剩下一半」的人是悲觀主義者。

若看到裝滿水的杯子，分一半的水到空杯的話，應該會覺得原本裝滿水的杯子「水剩一半」，而原本空杯的杯子現在「裝了半杯的水」吧，明明同樣都是「半杯水」。

即便看到的內容完全相同，我們會依據不同的狀況和理由解釋資訊。

康納曼和特沃斯基發現，人類一般在進行決策、回答問題時，會因不同的問題與其呈現方式，而做出截然不同的決定，他們以此作為預期效用理論的反例。

他們把呈現問題的方法，稱為判斷與選擇時的「框架」（frame）。因不同的框架，導致我們做出不同判斷與選擇的現象稱為「框架效應」（framing effects）。當框架效應發生時，便失去預期效用理論的前提條件「不變性」（invariance）。不

變性是指，同樣的問題無論以何種方式呈現，也不會影響偏好與選擇，是極為重要、完全視為理所當然的前提條件。

雖然在第 3 章討論的框架問題完全沒有提到，但康納曼認為，框架效應的框架以及框架問題的框架，本質上是相同的；兩者皆具有思考的框架、注意力受限於框架之含意。

接著，讓我們來看看框架效應最早的例子，也就是特沃斯基和康納曼知名的「亞洲疾病問題」。

問題 1

　　美國政府為打擊某一種極為罕見的亞洲疾病，此病可能造成 600 人死亡。現在研擬了兩個方案。請問哪個方案較為可行？假設就科學上而言，以下的估算是正確的，你會選擇下面哪個選項？

　　A：200 人可得救。〔72%〕

　　B：有三分之一的機率可拯救 600 人，有三分之二的機率無人獲救。〔28%〕

問題 1′

　　（問題的情境設定同問題 1）

　　C：有 400 人會死亡。〔22%〕

　　D：有三分之一的機率無人死亡，有三分之二的機率600 人死亡。〔78%〕

　　問題 1 的情境是以「可拯救」的肯定語氣呈現，因此受試者將之視為利得，而選擇趨避危險的選項。

　　另一方面，問題 1' 的情境則是以否定語氣的「死亡」來呈現，因此受試者將之視為損失，而偏好危險。

　　然而，這兩個問題的情境完全相同，只是呈現方式不同罷了。特沃斯基和康納曼指出，即便實驗結束之後，向受試者指出他們的偏好不一致，受試者的偏好也沒有發生變化。

問題 2

　　假設你可以先無條件獲得 1000 美元，接著你會選擇哪個選項呢？

　　A：（1000, 0.5）〔16%〕

　　B：（500）〔84%〕

問題 2'

　　假設你可以先無條件獲得 2000 美元，接著你會選擇哪個選項呢？

　　C：（－ 1000, 0.5）〔69%〕

　　D：（－ 500）〔31%〕

接下來的問題 2 和問題 2'，是框架效應打破「複合式抽獎」不變性的例子。

這兩個問題當中，最多人選擇 B 或 C。

但如果把焦點放在最終狀態，可以發現兩者結果相同。

A ＝（2000, 0.5; 1000, 0.5）＝ C

B ＝（1500）＝ D

儘管如此，選擇的結果出現分歧，這就是框架效應。受試者將問題 2 的情境，視為獲得利得的機會，因此選擇了風險趨避的選項；而將問題 2' 的情境，視為迴避損失的機會，因此選擇選擇了風險偏愛的選項。

就像這樣，框架效應打破了理性選擇理論必須符合的特質，也就是「行為表現的不變性」。肯尼斯・阿羅將此不變性稱為「外延性」（extensionality）。所謂外延性就是，當概念的外延（指定對象）相同時，接受那個概念的判斷也必須相同的定理。例如，「5 以下的正整數」與「1、2、3、4、5」，雖然兩者的表現方式不同，但是指涉對象相同。像這種例子很好懂沒什麼問題，但是遇到以下例子的狀況，我們卻容易將相同內容的問題，視為不同的問題。

問題 3

假設請你從箱子裡抽一顆球,並按球的顏色給予(正的或負的)獎金。你選哪個選項呢(顏色旁的數字是此顏色的比例,下方的數字則是獎金)?

選項 A	白 90	紅 6	綠 1	藍 1	黃 2
〔0%〕	0	45	30	− 15	− 15
選項 B	白 90	紅 6	綠 1	藍 1	黃 2
〔100%〕	0	45	45	− 10	− 15

問題 3'

問題與問題 3 相同。請問你選哪個選項呢?

(下方做成表格)

選項 C	白 90	紅 6	綠 1	黃 3
〔58%〕	0	45	30	− 15
選項 D	白 90	紅 7	綠 1	黃 2
〔42%〕	0	45	− 10	− 15

這裡舉出的例子問題 3,很明顯的選項 B 比選項 A 好。因為顏色比例相等,抽到綠球利得大,而抽到藍球損失小。受試者的選擇也反映了這點。

另一方面,問題 3' 的選擇幾乎勢均力敵。但其實選項 C 跟選項 A 的值相同,選項 D 跟選項 B 的值相同。

選項 C 的黃色整合了選項 A 的藍色和黃色,而選項 D 的

紅色整合了選項 B 的紅色和綠色，而且只是將藍色換成了綠色而已。因此這兩個問題的選項本質上是相同的，只是表現方式稍微有點難懂，但選擇失去了一致性。

問題 3' 隱藏了選項 D 比選項 C 好的事實。選項 D 有一個利得、兩個損失，而選項 C 有兩個利得、一個損失，使得選項 C 看起來優於選項 D。

政策與框架效應

這種框架效應，在決策判斷的投票、問卷調查等情況也會發生作用。以下例子為喬治・奎特朗（George Quattrone）和特沃斯基進行的實驗。

問題 4

採用政策 J，失業率為 10％，通膨率為 12％；採用政策 K，失業率為 5％，通膨率為 17％。哪個政策比較好呢？
〔調查結果：J 36％，K 64％〕

問題 4'

採用政策 J，就業率為 90％，通膨率為 12％；採用政策 K，就業率為 95％，通膨率為 17％。哪個政策比較好呢？
〔調查結果：J 54％，K 46％〕

問題 4 和問題 4' 只差在失業率及就業率的文字表現，實質上是同一個問題。

在問題 4，政策 J 和 K 相比，通膨率 12％惡化成 17％；另一方面，失業率則從 10％改善成 5％。因敏感度遞減的特質，失業率改善帶來的影響較大；另一方面，在問題 4' 反而是通膨率具有比較大的影響力。

雖然我們可能不常遇到這種情境單純的問題，但是進行民眾施政滿意度的調查、媒體實施問卷調查時，必須考量這種框架效應。又或者是說，行政當局為實施政策，可策略性地構框（framing）欲實施之政策，使其看起來非常吸引人。在這個情況，必須採取這樣的對策：有意識地嘗試用另一個相同意義的框架來看問題。

框架效應在統計數據也會發生作用。下例也是由奎特朗和特沃斯基所進行的實驗。

問題 5

某國欲減少移民的犯罪率。法務部計畫支出 1 億美元的預算，以推動青少年犯罪防治計畫，預計提供青壯年就業機會和遊憩設施。為此必須從現正研擬的政策 J 和 K 當中擇一，這兩個政策只差在預算分配的方式不同。從 A 國過來的移民和 B 國過來的移民人數幾乎相等。

據統計，兩國人在 25 歲之前有前科紀錄的比例，A 國

人當中有 3.7％、B 國人當中有 1.2％。政策 J 將分配 A 國人
5500 萬美元，B 國人 4500 萬美元；政策 K 將分配 A 國人
6500 萬美元，B 國人 3500 萬美元。依據上述資訊，你會選
擇哪一個政策？

〔調查結果：J 41％，K 59％〕

問題 5'

（問題除犯罪率以外，情境與政策內容皆跟問題 5 相
同）據統計，兩國人在 25 歲之前無前科紀錄的比例，A 國
人當中有 96.3％，B 國人當中有 98.8％。你會選擇哪一個政
策？

〔調查結果：J 71％，K 29％〕

在問題 5 和問題 5'，前者 3.7％和 1.2％「有」前科紀錄的
表現方式，給人的感受較為強烈；而 96.3％和 98.8％「沒有」
前科紀錄的表現方式，使得兩者差異感覺不大，顯示框架效應
發揮了作用。

奎特朗和特沃斯基指出，框架統計數據的方式不僅對個
人，也會對社會全體帶來極為重大的政治及經濟影響力。

隱形的預設值效應

相信很多人應該都是直接使用電腦的預設值吧。因為覺得自己不懂電腦所以不變更設定，或是覺得預設值是電腦公司「建議」的設定，所以直接拿來使用。預設值效應（default effect）是框架效應的一種，我們的選擇會因預設值的狀態而有所不同。預設值效應也是維持現狀偏誤的其中一種。

美國曾經發生過一起案例，可視為關於預設值效應的大規模社會實驗（並非事前故意設計）。

在紐澤西州和賓州有兩種汽車保險可選擇。其中一種保險費低，但保障範圍有限；另一種保險費高，但保障範圍較廣。紐澤西州強制汽車所有人投保價格較低的汽車保險，若增加保險費，則可以轉換為保險費較高的方案。在 1992 年，有 80％的人選擇加入保險費較低的預設值方案。

另一方面，賓州反而是強制汽車所有人投保價格較高的汽車保險，但民眾也可選擇費用較低的方案。在 1992 年，有75％的人選擇保險費較高的方案。

這個例子顯示較多人選擇預設值的方案。艾瑞克·強森（Eric Johnson）和約翰·賀喜（John Hershey）推測，若賓州採用跟紐澤西州相同的方式，該州州民可減少至少 20 億美元的支出金額。

在日本持有器官捐贈卡的人相當少（成人約 10％），美國也是同樣情況（約 28％）。而在歐盟，同意捐贈器官者少的國

家（丹麥 4％、德國 12％、英國 17％、荷蘭 28％），與同意捐贈器官者多的國家（瑞典 86％、奧地利、比利時、法國、匈牙利、波蘭皆為 98％以上）分得很清楚。這是什麼原因呢？

　　一般認為兩者的差異在於，於日本、美國、丹麥等同意捐贈器官者少的國家，除非民眾做出捐贈器官之意思表示，否則不會被當作是器官捐贈者；相對於此，奧地利等同意捐贈器官者多的國家，反而是若沒有表達不捐贈器官的意願，就會被預設為器官捐贈者。

　　強森和丹尼爾・高德斯坦（Daniel Goldstein）透過實驗證實了這個現象。他們設計了一份問卷調查，三個選項分別是：預設「同意捐贈器官」，但也可以拒絕捐贈；預設「不同意捐贈器官」，但也可以選擇捐贈；沒有預設，可以自由選擇是否捐贈。

　　實驗結果顯示，當預設同意捐贈時，有 82％的人選擇預設值同意；相對於此，當預設不同意捐贈時，選擇預設值不同意的人有 58％，改選同意的人只有 42％；而可以自由選擇時，有 79％的人選擇同意捐贈。

　　若任意選擇的結果，可以視為有意願捐贈器官者的真實比例，則能由此得知，預設值對器官捐贈的意思表示影響大。也就是說，即便選擇預設值的人多，也未必代表那是大家真實的偏好。

　　強森和高德斯坦表示，預設值的設定影響我們決策的原因有三。

　　首先，當預設值與公共政策有關時，我們會認為預設值是決策者（大多為政府）的「建議」，容易視作好的選項。

　　第二，因為決策的進行耗費時間與勞力，採用預設值的成本低。尤其是器官的捐贈伴隨著痛苦和壓力，因此面對捐贈器官的問題，我們傾向迴避有意識地決策。此外，選擇非預設值的選項時，必須填寫並郵寄申請文件，成本出乎意料的大。

　　第三，當預設值為現狀時，放棄現狀就如前一章說明的，會被視為損失；因此我們傾向迴避損失，而選擇預設值，此時損失趨避發生了作用。在預設值為「不同意捐贈」的國家當中，荷蘭相對有比較多人同意捐贈器官，這是因為該國在 1998 年，進行了大規模的宣導活動，成功讓 80％的國民郵寄同意書。然而付出的成本跟效果不成比例。

　　關於器官捐贈是否應該設定預設值，牽扯到倫理、技術、文化、經濟等各種因素，不可輕率下定論。但我們無法輕忽，要選擇什麼決策作為預設值；也就是說，以不同的框架作為預設值，可能會對政策的成功與否帶來重大的影響。

貨幣幻覺

　　貨幣幻覺（money illusion）是指，人們並非以實質價值，而是以貨幣的名目價值進行判斷，也是框架效應的一種。例如，人們對薪資的相關判斷，容易引發貨幣幻覺。名目價值是面額數字，而實質價值是面額價值（名目價值）減去通貨膨脹率後

的值。例如，即便年薪從 100 萬元提高到 120 萬元，但若通貨膨脹率為 10%的話，實質調薪率並非 20%，而是只有 10%，這個 10%就是實質價值。

　　貨幣幻覺的討論，在經濟學中有著悠久的歷史傳統，經濟學家歐文・費雪甚至以此為主題，於 1928 年出版了一本書《貨幣幻覺論》（*The money illusion*）。艾爾達・夏菲爾（Eldar Shafir）、彼得・戴蒙（Peter Diamond），與特沃斯基在機場及購物中心，向一般人詢問了以下問題。

問題 6

　　A 和 B 畢業於同間大學，但畢業年分相差一年，兩人進到同一間公司工作。A 第一年的薪水是 3 萬美元，這中間未發生通貨膨脹，第二年薪水調漲了 2%（600 美元）。B 第一年的薪水是 3 萬美元，但通貨膨脹率為 4%，第二年薪水調漲了 5%（1500 美元）。

　　①**經濟條件**：到第二年時，誰的經濟條件比較好？

　　　〔A　71%，B　29%〕

　　②**幸福度**：到第二年時，誰比較幸福？

　　　〔A　36%，B　64%〕

　　③**工作的吸引力**：到第二年時，兩人都被其他公司挖角，誰會離開現在的工作跳槽到別間公司呢？

　　　〔A　65%，B　35%〕

思考有關經濟條件的問題①時，大多數的回答未出現貨幣幻覺。也就是，大家並非以名目價值，而是考量通貨膨脹率，根據實質價值回答。

但幸福度的問題②卻出現了貨幣幻覺。即便 B 的薪水實質價值低於 A，大家卻認為 B 比較幸福。因此在跳槽可能性的問題③，便出現 A 比較可能會跳槽的判斷，與最初問題自相矛盾的回答。

整體來看，我們無法說人們只是單純混淆了名目價值和實質價值。然而由此可知，當問題為簡化成經濟條件，而焦點集中那個面向時，雖然並未產生貨幣幻覺，但只要問題稍微變得曖昧不明，我們就會強烈倒向名目價值。決定幸福度的因素各式各樣，在這個實驗並未給予經濟條件以外的因素，因此不太可能是其他理由導致判斷發生逆轉。以下是夏菲爾等人的實驗。

問題 7

某個國家在半年內發生了非常嚴重的通貨膨脹，通貨膨脹為 25％，薪水、物價等全部上漲了 25％。而今無論是所得還是支出，都比以前多出 25％。

①你從半年前便計畫購買皮製的椅子。那張椅子的價格在半年中，從 400 美元漲到 500 美元。和半年前相比，你現在會更想買這張椅子嗎？

〔變得更想買：7％　相同不變：55％　變得不想買：38％〕

---

②你從半年前便計畫出售自己擁有的古董桌。那張桌子的價格在半年中，從 400 美元漲到 500 美元。和半年前相比，現在變得更想賣這張椅子了呢？還是變得不想賣這張椅子了呢？

〔變得更想賣：43%　相同不變：42%　變得不想賣：15%〕

在第一個問題，有超過半數的人回答「相同不變」，由於名目價值提高的關係，回答「不想買」的人多。而在第二個問題，回答「相同不變」的人不到一半，然而因名目價值提高的關係，回答「更想賣」的人占多數。明顯發生了貨幣幻覺的現象。

塞勒向葡萄酒愛好者詢問了以下問題。

問題 8

假設你用 20 美元，購買了 1982 年分波爾多產的葡萄酒。現在拿去拍賣，能以 75 美元售出，但是你決定不把酒拿去賣，要自己開來喝。你覺得這個行為的成本最接近下面哪個選項？

〔0 美元、20 美元、20 美元＋利息、75 美元、－ 55 美元〕

最後的選項－ 55 美元是指，用 20 美元購買價值 75 美元的葡萄酒，等於賺了 55 美元（－ 55 美元的成本）。回答的比

例按順序為：30％、18％、7％、20％、25％。經濟學上正確的數值（75美元）是少數派，回答此選項的人多半是經濟學家。半數以上的人回答成本為零、賺到了，相當有意思。這個現象也是一種貨幣幻覺。

前一章討論到的公平判斷，也會受到貨幣幻覺的影響。

問題9

某間公司的獲利不高。那間公司位處景氣差的地區，有嚴重的失業問題，但沒有通貨膨脹。有很多人想進這間公司工作，因此這間公司決定於今年調降7％的薪資。

〔可以接受：38％，不公平：62％〕

問題9'

某間公司的獲利不高。那間公司位處景氣差的地區，有嚴重的失業問題，而且通貨膨脹率為12％。有很多人想進這間公司工作，因此這間公司決定於今年調薪幅度僅5％。

〔可以接受：78％，不公平：22％〕

問題9和問題9'的實質薪資明顯是相同的，儘管如此，受試者對公平的判斷卻截然不同。受試者把調降名目薪資視為員工的損失，因此判斷此行為是不公平的；另一方面，名目薪資的調漲實為調降，受試者卻將之視為員工的利得，因此判斷此

行為是公平的。這個現象顯示出，問題在於參考點的移動方向。

　　上述例子顯示在假想狀態下貨幣幻覺的存在，但彼得‧庫爾曼（Peter Kooreman）等人在現實社會中也觀察到貨幣幻覺的現象。

　　2002 年，荷蘭將貨幣單位從過去的荷蘭盾切換到歐元，兌換比率為 1 歐元大約等於 2.2 荷蘭盾。荷蘭某個地區每年定期會舉行慈善活動，荷蘭採用歐元前，該慈善活動過去幾年的捐款金額大多穩定，但是開始採用歐元的 2002 年，捐款金額比前一年增加了約 10%。

　　歐元和荷蘭盾的兌換比率約為 2.2，因此假如以前捐 2000 荷蘭盾的人，其實只要捐贈同等實質價值的 910 歐元就可以了，但人們卻將 1 歐元看作是 2 荷蘭盾，而捐了 1 千歐元。庫爾曼等人認為，這就是捐款金額增加的原因。這正是貨幣幻覺出現在現實生活中的例子。

　　從框架效應、預設值偏好、貨幣幻覺的例子，顯示實驗者和預設值設定者等人所賦予決策者的外在框架，會對決策者的選擇帶來極大的影響。此時，我們可以將這種框架效應稱為，被動框架效應或是外在框架效應。

　　另一方面，也有可能是決策者主動自發地將現象放進框架裡，偏好和選擇因此受到框架的控制。這可以說是，主動框架效應或是內在框架效應。

　　像這樣的框架效應未必是刻意形成的，很多是無意識出現的。接著作為內在框架效應的例子，讓我們來討論塞勒所提出

的心理帳戶概念。

無所不在的心理帳戶

塞勒主張，人們在進行與金錢相關的決策時，並不是總和評價各種不同的因素和選項後，才理性地進行決定，而是塑造相較狹窄的框架，將之嵌入框架後進行決定。塞勒將這種形塑框架的構框行為，比喻為企業的會計帳務和家庭的記帳簿，命名為心理帳戶（mental accounting）。心理帳戶是為了評價、管理、記錄人們與金錢相關的行為，所運用的認知操作系統，大多在無意識的情況下進行。心理帳戶由以下三個要素組成。

首先，交易和買賣的評價方法，是依據展望理論的觀點，效用並非由財富和資產整體產生，而是重視參考點的變化和損失趨避。

第二，就跟記錄家庭開銷時一樣，會按照「伙食費」、「水電瓦斯費」、「娛樂費」等項目分類，我們心中也會將每筆交易分類成不同項目，然後在那當中一來一往列為損失或盈餘。

第三，各種不同的項目是損失還是盈餘的評價行為，是以怎樣的時間區間進行的？也就是說，重視的內容是：「評價是每天進行？還是一週一次？還是一個月一次？或者是更長時間才進行一次？」例如，在賽馬當天的最後一場比賽，常常出現下注冷門馬匹的偏誤。比賽時很多人都賠錢了，為了彌補那個損失，便把全部賭注押在最後一場比賽的冷門馬上。也就是說，

很多人以一天為單位思考賽馬的收支，在那當中計算收支。如果是以一個月或是一年的賽馬成績進行全面性的思考，這樣的行為偏誤應該就會減少。

坎麥爾等人，針對紐約的計程車司機如何決定工作時數，進行調查。從調查結果得知，很多司機在工作前會決定一天的目標營業額，只要目標一達成，便結束那天的工作。

計程車司機通常是跟計程車行租車，大多需支付 12 小時的固定費用，賺超過租金的錢就是自己的收入。所以工作 12 小時也可以，超過 12 小時也行。當然，每小時所賺進的營業額每天都不同，他們大多會設定一個大概的營業目標，只要達到目標就停止工作。

也就是說，他們雖然是以一天為單位決定工作時間，但是卻違反了傳統經濟學的設想——「實質薪資越高、工作時間越長的假定」。此外，雨天常常招不到計程車，而且雨天搭計程車的使用者也多，但是許多司機卻會在下雨天停工，供給減少，導致乘客更難招到計程車。

以下康納曼和特沃斯基所進行的實驗，是說明心理帳戶時經常列舉的好例了。

問題 10

　　你在音樂會的會場，準備花 50 美元購買當日票時，發現 50 美元的鈔票遺失了。你會掏出 50 美元購買當日票嗎？

問題 10'

　　你買了 50 美元的預售票，在抵達音樂會的會場時，發現票遺失了。當日票也能以 50 美元購得，你會買票嗎？

　　多數人應該在問題 10 回答「是」，在問題 10' 回答「否」吧。康納曼和特沃斯基結果顯示，回答「是」的人，在問題 10 為 88%，問題 10' 則是 46%。

　　兩者皆損失了價值 50 美元的東西，但是回答的統計結果卻發生分歧，其原因可用心理帳戶來說明。假如我們將購買票券的行為，歸類到「娛樂費」的項目時，像問題 10 那樣遺失現金 50 美元的情況，不會對這個項目帶來影響。

　　另一方面，在問題 10' 若選擇購買，表示在同一個音樂會總花費為 100 美元，如此一來「娛樂費」顯得太高，而猶豫不決。

　　這個現象違反了傳統經濟學的假設——貨幣具有替代性（fungibility）。俗話說錢沒有顏色之分，貨幣替代性指的是，無論錢是怎麼得到的、花在什麼地方，都是同樣的錢，完全可以轉作（替代）其他用途，這可以說是理性行為的必要原則。

但實際上，因貨幣幻覺的作用，使得被分類到不同項目的錢，只能用在特定的用途。

塞勒和強森證實，有別於一般的收入，例如賭博而贏得「不勞而獲」的錢，容易繼續投注在下一個新的賭注上。果然是「不義之財來得快，去得也快」。

我們經常把大筆開銷當中的一部分，看作是小錢。例如，我們花 100 萬元購買汽車時，可以毫不猶豫地多花 1 萬元加購汽車導航；但是，如果是現在開的車子沒有汽車導航，要花 1 萬元購買時，卻會考慮老半天。

購買電視或音響等家電產品時，碰到店員勸說：「多加 500 元，保固可延長至 2 年喔！」應該很多人都會順勢加購吧。但電視或音響沒有 2 年保固的人，會特地花錢延長保固嗎？當我們購買大筆支出的東西時，加購的金額看起來就像小錢，而且會不自覺想像東西故障的損失，一不留神就加購延長保固了。這可以說是家電業界（或者是說保險業界）的巧妙策略吧。

沉沒成本

某人付了年費 5 萬元加入網球俱樂部，打了一個月後得了網球肘，現在退會也拿不回會費，便決定忍痛繼續打球。為什麼呢？很多人都會回答：「因為不想浪費那五萬元。」

你花了 2 萬日圓購買了日本職棒的門票，但是當天卻不幸身體不適、有點感冒。你會搭乘 2 小時的擁擠電車前往球場觀

賽嗎？如果這張門票是免費得到的，你會去嗎？應該多數人的選擇是，自己買的票會去，但免費拿到的票就不會去吧。

當我們在餐廳付了 1500 元吃自助餐吃到飽，就算已經很飽，再吃下去恐怕會吃壞肚子，明明知道這樣吃會打亂減重計畫，卻會為了回本而吃太多。

在經濟學和管理學，將過去已經付出、拿不回來的成本稱為沉沒成本（sunk cost）。這個概念告訴我們，現在的決策只要考量未來的成本及效益就好，不可以把沉沒成本計算進去，這才是理性的，也就是「過去的事就忘了吧」。

但就如同前面例子所示，實際上已經付出的沉沒成本，會對未來的決策帶來相當大的影響。沉沒成本效應（sunk cost effect）是指，把原本應該跟未來的決策無關的沉沒成本納入考量，而做出非理性的決定。在這個情況，成本不只是金錢上的成本，也包含了人事和時間成本。

這個計畫的討論花費了龐大的人事和時間成本，一定要想辦法付諸實行，這類「頭已經洗下去了，就要把它洗完」的主張，無論在公司、政府部門，還是個人生活，應該都常常聽到吧。此外，過去投入的金額越高，對未來決策的影響就會越大。

塞勒指出，沉沒成本效應發生的原因，可以藉由心理帳戶來說明。

例如，用 50 美金購買音樂會門票的那天，通常實際消費日是音樂會的前幾天。購買門票的那天，心中便開立了「音樂會」帳戶。直到實際去了音樂會之後，「音樂會」帳戶才會結

清。若沒有去音樂會，帳戶就會一直懸在心中，掛念著已經是沉沒成本的門票費。雖說如此，隨著時間的流逝，這樣的掛念也會逐漸消失。

塞勒舉了個例子，請大家想像一下，假如你花了一筆不小的費用，買了雙不合腳、會咬腳的鞋子，你會怎麼做呢？

首先，你應該會嘗試好幾次吧；而嘗試的次數，昂貴的鞋子會比便宜的鞋子要來得多。然後你會把鞋子放進鞋櫃，怎麼也捨不得丟掉；而放在鞋櫃裡的時間，昂貴的鞋子會比便宜的鞋子要來得長。最後，再貴的鞋子最終也會下定決心丟掉。當投注在鞋子的成本「償還了」之後，沉沒成本效應會隨著時間的流逝逐漸消失。

哈爾・阿克斯（Hal Arkes）和凱薩琳・布魯莫（Catherine Blumer）發現，在每半年就必須繳交會費、延續會員資格的健身俱樂部，會出現以下模式。會費繳交後一段時間，到俱樂部鍛鍊身體的人增加，但隨著時間拉長，人數逐漸減少，等到了半年後再次延長會員資格的那段時間，使用者人數再度上升。

不要浪費，也是一種捷思

阿克斯和布魯莫認為，沉沒成本效應發生的原因，除了損失趨避之外還有兩個因素。

其中一個因素是為了維持好的評價。再繼續投資下去也只是浪費，但中途中止計畫，意味著過去的決定是錯誤的。先前

決定投資的人和組織，因害怕冠上「浪費」的惡名，同時也為避免傷害自尊心，因此選擇不中止事業計畫，持續投注資源。

另一個因素則是捷思的過度類化（overgeneralization）。「不要浪費」這類的標語和規範從小聽到大，在進行決策時，發揮了捷思的效果。這個捷思適用於各種情況、並發揮作用，但是沉沒成本這個捷思在不對的地方發揮效果時，就會發生偏誤。也就是為了「不浪費」已經付出的成本，而糾結於過去的支出。

阿克斯和彼得・安東（Peter Ayton）為了驗證孩童是否會受到沉沒成本的影響，進行了一項實驗。實驗結果發現，年紀較小的孩童，雖然比較不受沉沒成本的影響，但隨著年紀的增長，沉沒成本效應越是顯著。

這個現象可以佐證，孩童隨著年齡的增長，逐漸學習「不要浪費」的捷思，最後發生過度類化。

迪利普・索曼（Dilip Soman）和艾默・齊瑪（Amar Cheema）也證實了這點。他們發現，對於因「好運」而獲得的收入，人們花費這筆收入所產生的沉沒成本效應較小。人們花費因好運而獲得的金錢，不太會發生「這樣太浪費」的心理作用，使我們對沉沒成本的執著減弱。由於好運而獲得的收入，再怎麼花也不會視為浪費。

沉沒成本也稱為「協和謬誤」（concorde fallacy）。英法共同研發的高音速客機「協和客機」，在開發過程中投入了龐大的經費，然而即便完成開發，能否回收成本也是未知數。儘

管如此，公司卻以已經投資大量的研發資金，中途停止太浪費為理由繼續研發。

1981 年，美國針對是否中止田納西河（Tennessee River）與湯比格比河（Tombigbee River）的河川整治建設進行討論時，反對中止建設事業的上議院議員表示，「在這個階段中止計畫，等於浪費掉已經投資下去的資金」，另一位上議院議員則說道，「中止計畫，等於無意間把納稅人的稅金用在錯誤的地方」。

公共建設事業應該經常有這樣的例子吧。當計畫的未來獲利能力差，很有可能造成環境破壞，或是明知目標無法達成等狀況時，明明應該立即中止計畫，卻以「過去的投資會付諸流水」為理由（或是其他理由），而不中止計畫，硬著頭皮執行。

最近「不要浪費」也逐漸成為解決環境問題的概念之一。養成不浪費的精神當然重要，但是只要走錯一步，就會落入沉沒成本效應的陷阱，需多加留意。

「覆水難收」、「木已成舟」這類諺語，便是提醒大家不要受沉沒成本影響的捷思。

偏好會依狀況發生變化

接著，讓我們思考一下人們偏好的特徵。

特沃斯基和塞勒認為，人們對事物偏好的判斷可以透過有趣的譬喻來說明。以下為三位棒球裁判的發言。

第一位裁判說：「我按看到的事實判定。」第二位裁判說：

「我按直覺判定。」第三位裁判說：「在我的判定出來之前，什麼都沒發生。」

如果把不同裁判的發言，換成價值和偏好來思考的話，關於價值和偏好的特質有以下三種不同的看法。

一、如同體溫一般，價值是存在的。人們表達感受到的價值時，時常伴隨著偏誤。這是第一位裁判的立場。

二、人們的價值和偏好，就像是背九九乘法表一樣有直覺反應。這是第二位裁判的立場。

三、價值和偏好是從判斷過程中產生的。這是第三位裁判的立場。

傳統經濟學理性假設的頭號擁護者喬治・斯蒂格勒（George Stigler）和蓋瑞・貝克（Gary Becker）表示，「討論嗜好沒太大幫助，就跟討論洛磯山脈沒太大幫助一樣。兩者皆存在，明年應該也存在，並適用於所有人身上。」他們斷定任何人的偏好，都是安定且無矛盾的存在，因此把人們決策的偏好當作問題來討論是沒有意義的。

特沃斯基和塞勒的立場跟上述兩位經濟學家完全相反。他們站在第三位裁判的立場，也就是強調偏好會隨著決策者，以及對象問題身處的狀況和脈絡而形成。

在傳統經濟學，偏好的假設條件相當嚴苛。

例如，傳統經濟學一般認為，偏好可藉由各種選項進行判

斷。碰到「我跟工作哪個比較重要？」的問題時，人們隨時能判斷哪個回答更好，不會有做不出選擇的困境。

此外，傳統經濟學通常認為，偏好具有一致性、而且沒有矛盾，無論何種狀況、經過多久時間，偏好一定維持不變。決策者熟知這種偏好系統，擁有一套偏好名單並熟悉內容，當出現必須做出選擇的問題時，就對照偏好名單從中選擇最喜歡的偏好，做出能帶來最大效用的選擇。

比起義大利麵，更喜歡拉麵；比起拉麵，更喜歡蕎麥麵，如此一來就會出現「比起義大利麵，更喜歡蕎麥麵」的偏好。像這樣，喜好一致無矛盾的現象，稱為「偏好遞移性」（transitivity of preferences）。但就連這個看似理所當然的條件，有時也可能無法滿足。

舉例來說，假設你去購買零食。商品有好幾種，當價差在50 元以內時，就選擇品質較好的；價差超過 50 元時，就選擇較便宜的，這應該是妥當的日常購物準則。假設有三種你覺得可以購買的零食，按品質優劣排列依序是：A 250 元、B 200 元、C 150 元。依據購物準則，A 和 B 之間會選擇 A（品質較優），B 和 C 之間會選擇 B（品質較優），A 和 C 之間會選擇 C（價格較低），偏好失去遞移性。

此外，理性偏好必須符合「無關選項的獨立性」（independence of irrelevant alternatives）的準則。這個準則指的是，兩個選項之間的偏好順序，不會因新的第三個選項的出現而發生改變。

例如，假設餐廳今天的特餐是燒肉特餐和炸豬排特餐。當你決定「我今天要吃燒肉特餐」，店員跟你說「今天也有漢堡肉特餐」的時候，你不會說「那我要炸豬排特餐」。這個準則看起來並沒有很嚴苛，但有許多案例都顯示，即便是如此寬鬆的準則也容易被打破。

大家喜歡選正中間

伊塔瑪・賽門森（Itamar Simonson）和特沃斯基，針對學生實施了以下實驗。他們隨機分發 6 美元給受試者，並告訴受試者可以選擇持有那 6 美元，或是交換成美國高仕（CROSS）的高級原子筆。108 人當中，有 64％選擇持有 6 美元，36％提出交換高級原子筆的要求。

接著，他們增加便宜原子筆作為第三個選項，並告知受試者可提出交換的要求。結果，這次有 52％的人選擇持有 6 美元，46％的人希望交換高級原子筆（剩下的 2％則希望交換便宜原子筆）。

便宜原子筆的出現，使得「持有 6 美元」和「交換高級原子筆」之間的偏好發生了改變。

另外，賽門森和特沃斯基挑選三種品質越好、價格越高的美能達（Minolta）相機，進行了相同的實驗。相機 A 的品質低劣、但價格低廉（169.99 美元），相機 B 品質與價格中等（239.99 美元），相機 C 品質佳、但價格昂貴（469.99 美元）。

　　首先，詢問 106 位的受試者，在 A 和 B 之間會選哪一個時，剛好是 50％各半。然而，加上相機 C 之後，詢問受試者在三個選項當中會選哪一個時，結果卻是 A 22％、B 57％、C 21％。受試者排除了兩個極端值，偏好中間值的選項。

　　這個現象稱為「極端厭惡」（extremeness aversion）或「妥協效應」（compromise effect）。

　　賽門森實行了另一個讓人印象深刻的實驗。實驗提供計算機 A 到 E 五個選項，按 A 到 E 的順序，功能越多、故障率越高。

　　・首先出示 A、B、C 三個選項請受試者選擇，結果為（A）5％、（B）48％、（C）47％。接著出示 B、C、D 三個選項，選擇結果按順序為 26％、45％、29％，B 和 C 之間的偏好發生逆轉。

　　然後出示 C、D、E 三個選項，選擇結果按順序為 36％、40％、24％，C 和 D 之間的偏好也發生逆轉。

　　應該很多人有過這種經驗吧，當鰻魚飯店有松、竹、梅三種等級的鰻魚飯時，就會選擇竹等；在壽司店有特等、上等、中等的握壽司套餐時，就會選擇上等。市場行銷也經常利用我們這種傾向，尤其是刻意把欲推銷的商品，置於正中間的等級。

大家喜歡有明確理由的選項

　　夏菲爾、賽門森，與特沃斯基推展了「基於理由的選擇」（reason-based choice）理論。進行選擇和做決定時，必須有合

理理由和故事選擇那個選項。只要有充分的理由能合理化選擇，即便有矛盾也沒關係。

　　讓我們來看看以下夏菲爾舉出的例子。

　　假設你是負責審理離婚官司的法官，必須判斷該把孩子的親權判給哪一方。A 方「所得中等、健康狀況普通、工時狀況普通、與子女的關係穩定、社交生活穩定」，而 B 方則是「所得平均以上、與子女的關係非常密切、社交生活極為活躍、經常出差、健康有點狀況」。

　　詢問第一組受試者，把親權判給哪一方較為恰當時，有64％的人選擇 B 方。而詢問第二組受試者，將親權判給哪一方較不恰當時，有55％的人選擇 B 方。也就是說，無論是獲判親權的情況，還是親權遭到否決的情況，都比較多人選擇 B 方。

　　這樣的回答充滿了矛盾，但原因應該在於，是否有明確的理由。A 方非常四平八穩，無論是判予親權還是否決親權，都缺乏具體且有力的資訊。相形之下，B 方有非常合適的理由可判予親權（與子女關係密切、收入較高），另一方面也有充分的理由可否決親權（健康狀況有疑慮、因出差時常不在家）。這個實驗結果顯示，我們傾向選擇有明確理由的選項。

　　他們也藉由大學科系的選擇、政治選舉、度假飯店的選擇等其他實驗證明，只要有充分的理由，選擇就可能會出現矛盾對立的狀態。此外，這些例子意味著，我們會依據代表性捷思進行判斷。

大家喜歡有故事的選項

　　夏菲爾等人進行了以下實驗，探討當選項包含對立因素時，所產生的偏好變化。

　　索尼和愛華（AIWA）的 CD 播放器現正進行一日特賣。索尼的熱銷款為 99 美元，愛華款則為 169 美元，兩者都比原價便宜非常多。他們詢問受試者會選擇哪一個，或是想調查其他 CD 播放器的價格，晚點再決定是否購買？結果選擇愛華和索尼的人各為 27％，回答晚點再決定的人 46％。

　　接著，他們假設只有索尼 CD 播放器的有特賣，熱銷機種為 99 美元。詢問受試者是否購買？或是晚點再決定？針對這個問題，有 66％的人選擇購買，有 34％的人選擇晚點再決定。然後第三個情境則是，提供二個選項給受試者，同個索尼機種 99 美元，以及愛華次一等級 109 美元的產品。結果有 73％的人回答購買索尼，3％的人購買愛華，24％的人回答晚點再決定。

　　在第一個情境，能以低廉的價格購買 CD 播放器十分吸引人，因此讓人猶豫不知道要買索尼還是愛華。結果超過半數的人決定購買，但也有近半數的人無法判斷、想晚點再做決定。

　　在第二個情境所推出的商品，其功能和價格都非常吸引人，讓人猶豫的因素少，因此容易決定購買。

　　在第三個情境讓人猶豫的因素更少，品質優良價格低廉，讓人容易決定購買索尼的商品。

　　這裡有趣的是，在第二個情境決定購買索尼的人有 66％，但是在第三個情境卻增加到 73％。次佳選項（定錨點）的出現，引發錨定效應，使得索尼的選項看起來更有吸引力，更有購買的理由。在第一個情境有 54％的人決定購買，在第二個情境有 66％，在第三個情境有 76％。這個實驗顯示，一旦令人猶豫的因素減少，有充分的理由可說服自己的時候，購買意願便會增加。

　　羅伯・席勒表示，「基於理由的選擇」也會對人們的股市行為帶來影響。一般的投資客，比起股票的獲利率之類的量化指標，更容易受該公司的歷史與其產品在社會上的評價形成的「故事」所影響。

　　看來人們希望自己的決定，都有明確簡單的理由或故事以獲得正當性。

選項越多越好嗎？

　　經濟學和決策理論認為，人們可以自由選擇的選項越多越好、可獲得的滿意度越高，並將此視為理所當然的前提。但真的是這樣嗎？針對這個疑問，席娜・艾恩嘉（Sheena Iyengar）和馬克・萊普（Mark Lepper）進行了一項有趣的實驗。

　　他們在超市擺放展示桌，陳列 6 個種類的果醬和 24 個種類的果醬，發放 1 美元折價券給來店消費的客人，並提供試吃。展示 6 個種類的果醬桌和展示 24 個種類的果醬桌，分別陳列

一小時。

經過擺放陳列桌走道的 242 位客人當中，有 40％的人造訪了 6 個種類的果醬陳列桌，相對於此，有 60％的人造訪了 24 個種類的果醬陳列桌。也就是說，一開始果醬的種類越多越有吸引力。

然而，造訪 6 個種類的果醬陳列桌的客人當中，實際購買的比例為 30％，而造訪 24 個種類的果醬陳列桌的客人當中，實際購買的比例僅有 3％。雖然選擇多元讓消費者覺得很有吸引力，但選項太多反而讓消費者下不了決定。

他們接著以 6 種高級巧克力和 30 種高級巧克力，進行了相同的實驗。

這次的實驗是請受試者任選 1 種巧克力試吃，並以 10 分評比巧克力味道的滿意度。從 6 種巧克力當中挑選的人，平均評比分數為 6.25 分；從 30 種巧克力當中挑選的人，平均評比分數為 5.5 分。此外，他們給予受試者 5 美元和自由挑選一盒喜歡的巧克力，作為參加實驗的謝禮。6 種巧克力的實驗組，有 47% 的人選擇了巧克力；相對於此，30 種巧克力的實驗組，只有 12% 的人選擇巧克力。

艾恩嘉指出，對決策者而言，在自己有把握的範圍進行選擇是最為理想的，過多的選項可能反而讓人煩惱是否會選錯，受到可能後悔和失敗的感覺所牽制。

選擇的弔詭與幸福度

若非這種細微差異的選擇，而是攸關未來人生的重要抉擇的話，又會怎樣呢？

針對這個疑問，艾恩嘉和貝瑞‧史瓦茲（Barry Schwartz）等人，針對大四應屆畢業生的求職活動進行了調查。調查結果顯示，工作選擇越多的學生，對找到的工作的滿意度越低。尤其是追求「最理想的」工作的學生，和追求「差不多就好的」工作的學生相比，前者獲得的工作內容、待遇條件，即便真的比後者好，但滿意度卻比較低。像那樣的學生，更容易感到沮喪、不安、挫折、悔恨等情緒。

此外，艾恩嘉和姜緯（Wei Jiang）等人，針對受僱勞工進行了廣泛的調查，他們認為美國的退休金制度 401（k）中，可選擇的基金選項可能過多。調查結果發現，可選擇的基金越多，加入 401（k）退休金制度的人數就會減少。

史瓦茲將這種現象稱為「選擇的弔詭」（paradox of choice）。他表示，現代人將「選擇越多，自由選擇的範圍越廣，滿意度越高」的觀念奉為圭臬。這樣的觀念與自由主義相結合，席捲了全世界，但那樣的想法是不切實際的幻想。

對人類而言，更多的選項不但沒有增加幸福度，反而減少了幸福度。

史瓦茲舉出的美國例子，在日本應該也會發生相同的狀況吧。

　　史瓦茲和華德（Andrew Ward）等人，假定社會上存在著，性格凡事追求完美的「極大化者」（maximiser），以及「差不多還可以」就滿足的「滿足化者」（satisfier）（此構思的靈感來自賀伯·賽門），並構思判別兩者的方法。當選擇增加，極大化者若不仔細研究那些選項，驗證那些選項是好是壞，就會渾身不對勁；而滿足化者只要找到差不多還行的選項就好，就算選項變多也不在意。因此他們指出，極大化者對選擇結果的滿意度低，容易後悔，整體而言幸福度低。

第 7 章

短視近利的心

時間偏好的效應

觀點人各有異。而且即便是同一個人，隨著時間的變化，針對同一對象的看法也會有所不同。

——義大利刑法學家貝卡利亞（Cesare Beccaria）
《論犯罪與刑罰》（*Dei delitti e delle pene*）

> 年年歲歲花相似，歲歲年年人不同。
>
> ——唐朝詩人劉希夷《代悲白頭翁》

跨期選擇

任誰都有過這樣的經驗吧，明明下定決心要減肥或戒菸，但手總是不自覺地伸向眼前的蛋糕，或忍不住抽了一根菸。

明明一個月前可以輕鬆完成的事情，但每天都覺得「明天再做」，一直拖拖拉拉到最後一刻才開始動手做，暑假作業、原稿、大掃除經常出現這種現象。若按照進度撰寫，這本書應該老早就完成了。

你是否也有過這種經驗呢？決定要開派對或是去旅行，在規畫時原本相當期待，但隨著時間越來越接近，卻越是覺得麻煩不想處理。

屏除通貨膨脹和金融機構破產之類的煩惱，如果每一個人都為老後生活認真儲蓄，應該就不需要政府發放年金照顧我們吧。

思考這類問題時，必須觀察時間對效用與決策帶來的影響。「計畫決定的時間點」與「發生損失或利得的時間點」，兩者的決策時間是分開的情況，就叫做跨期選擇（intertemporal choice）。

　　一般而言，所有的經濟決策幾乎都是跨期選擇。因為就算是日常的購物，即便購買和消費的時間點再怎麼接近，也都是分開的。

　　就如同耐久財和升學等狀況，效用有時是隨著時間的推移逐漸獲得。此外，自律的問題也跟時間有密切關係。要為了儲蓄，現在忍住不買東西嗎？要為了維持健康，忍住不抽菸嗎？要為了雕塑好身材，放棄美味的蛋糕嗎？這些都是代表例子。

　　此外，例如環境和年金制度，不只會影響自己的人生，也會對下一個世代帶來影響，是公共政策的重要議題。

　　當損失和利得並非在決策的時間點發生，而是過了一段時間後才發生時，應該如何評估效用呢？又會對抉擇帶來何種影響呢？這些問題正是本章的討論主題。

1 萬元的價值會變嗎？

　　今天的 1 萬元，一年後會有多少價值呢？如果將利率納入考量就會是：

　　一年後 1 萬元的價值＝（1 ＋利率）×1 萬元

　　例如，假如年利率是 5%，一年後就是 1 萬元 ×（1 ＋ 0.05）＝ 1 萬 500 元。那如果相反，明年的 1 萬元，現在應該有多少價值呢？用上面的式子可以馬上改成：

$$現在 1 萬元的價值 = \frac{一年後 1 萬元的價值}{1 + 利率}$$

假如年利率 5%，一年後的 1 萬元，大約是現在的 9524 元。
未來的 1 萬元，須將利率納入考量進行折現。

同樣的，在思考未來發生的利得和損失的效用時，必須進行折現，求出現在的效用。

所以現在的 1 萬元，一年後的效用是：

1 萬元的效用 ×（1 ＋折現率）

相反的，一年後的 1 萬元現在的效用是：

一年後 1 萬元的效用／（1 ＋折現率）

換言之，未來那個時候的效用除以（1 ＋折現率），就會得到現在的效用。

$$現在 1 萬元的效用 = \frac{一年後 1 萬元的效用}{1 + 折現率}$$

雖然容易混淆，但一般習慣將〔1 ／（1 ＋折現率）〕稱為折現因數。

如此一來就會出現這樣的關係，當折現率小，折現因數就大，使得一年後 1 萬元在當前的效用高；當折現率大，折現因數就小，一年後 1 萬元在當前的效用低。

從上述兩個式子可以得到折現率＝利率，因此傳統經濟學

認為，我們應該用與利率同等的比率折現，以評估未來事物的現值。但如同後面所述，實際上人們衡量跨期價值時，折現率並不等於利率。

為何未來要折現呢？

為什麼人們會折現未來的利得呢？

當前的 1 萬元現在使用就會產生效用，但一年後的 1 萬元現在不會發生效用，因此重視當前的 1 萬元是很正常的。而且將來充滿不確定性，是否真的能獲得也不確定，自己的偏好也可能會改變。所以，就如同諺語「一鳥在手，勝過二鳥在林」所說的，與未來可能擁有的東西相比，我們重視現在擁有的東西是理所當然的。

此外，這也可能是損失趨避帶來的影響。我們把延後消費和延後獲取利得利得視為損失，這個損失趨避的捷思特質，使得我們會把未來的價值打折。

哲學家德里克・帕菲特（Derek Parfit）主張，可以把「現在的自己」和「未來的自己」視為不同人，兩者的關係就跟自己和他人的關係是一樣的。而就像自己和他人之間的距離越遠，關係就越疏遠，某種程度上「現在的自己」和「未來的自己」的關係也是疏遠的，因此「現在的自己」將「未來的自己」可能得到的效用，折算成現值來思考是非常正常的事情。

維持一致的指數型折現

人們怎麼看折現率呢？費雪等古典經濟學家認為，折現率是透過複雜的心理反應所決定的，對於如何決定折現率的態度謹慎。

然而，最早假定折現率為固定值，推展簡明理論的人是新古典經濟學家的泰斗保羅・薩繆森。

薩繆森表示，折現率為固定值的假定不切實際，但經濟模型卻能因此變得簡單，使得算式容易推展，這個優點讓此模型瞬間席捲經濟學界，在總體經濟學和經濟政策理論中，都理所當然地假定折現率固定，根本不會去討論那樣的假設實際上是否妥當。

$$現值 = \frac{未來的名目價值}{(1 + 折現率)^d}$$

上式為折算現值的計算方法，是由薩繆森公式化，爾後廣為大家使用。

這裡的 d 代表時間的延遲，例如一年後 d = 1、兩年後 d = 2，以此類推。

圖 7-1 顯示，在未來帶來低效用的選項 A，以及未來帶來較高效用的選項 B，以及兩者隨著時間回推出折現後的效用。圖中 A 和 B 的效用的大小關係，並沒有隨著時間而變化，A 的效用一直都比 B 小。也就是效用的評價，不會因時間改變，

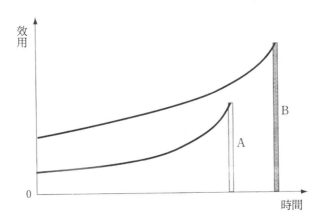

圖 7-1　指數型折現與現值

而是維持一致。傳統經濟學的折現觀點認為，無論針對何種對象、不管時間的遠近，折現率都會維持一致。

　　如上式，現值是以折現率的指數函數呈現，因此這種類型的折現法稱為指數型折現（exponential discounting）。

注重當下的雙曲型折現

　　羅伯特・史卓絲（Robert Strotz）是最早對指數型折現提出質疑的經濟學家。他主張折現率無法以指數函數呈現，並指出折現率可能會隨著時間下降。

　　傑瑞・奧斯曼（Jerry Hausman）觀察消費者實際的購買行為，透過初始成本高、但未來節能功能佳（運作成本低）的冷氣買氣差的現象，計算出折現率為 25％。

　　而最早透過實驗，導出折現率的人則是塞勒。

　　「你中獎了，中獎可選擇直接領取獎金，也可以選擇延後領取，要多少錢你才願意延後領取獎金呢？」塞勒改變此問題延後領取時間的設定值，藉由受試者回答上述問題的數值計算折現率。結果顯示，利得的折現率會隨著時間下降。烏里・班吉翁（Uri Benzion）等人，證實了這個現象，之後許多人反覆進行相同的實驗，發現折現率有特定的傾向。

　　筆者以學生作為實驗對象，提出五種金額，並詢問受試者回答，在延後 1 個月、6 個月、12 個月、24 個月領取的情況下，希望最少要拿到多少錢。圖 7-2 顯示，從受試者的回答計算出的折現率，會隨著時間降低。也就是說，延後領取的時間越久，價值就會跟著往下掉越多，但價值減損的程度會逐漸減少。

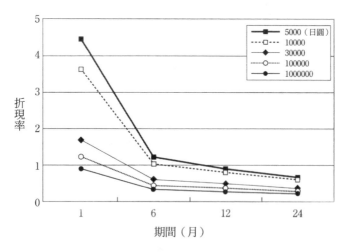

圖 7-2　折現率降低模式的一例（按金額）

　　有好幾種式子可以表示這樣的折現方法，其中最簡單的式子如下所示。此式為雙曲線方程式，因此這個折現方程式稱為雙曲型折現（jyperbolic discounting）。式子中的 d，與指數型折現同樣是代表時間的延遲。

$$現值 = \frac{未來的名目價值}{1 + d}$$

兩種類型的折現

　　如圖 7-3 顯示，因指數型折現與雙曲型折現，使得一定數量的利得延遲至未來獲得時，其價值會隨著時間降低。

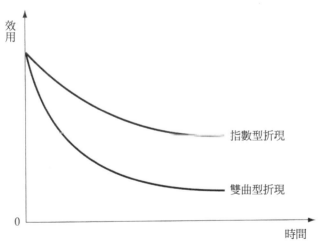

圖 7-3　時間推移與兩種類型折現的關係

圖 7-3 上方的曲線表示，價值會因指數型折現隨著時間按
一定比例減少。相對於此，下方的曲線呈現，價值因雙曲型折
現而減少，最初價值會遽減，但減少的程度會隨時間趨緩。

雙曲型折現的特徵在於重視當前。

從圖 7-3 可以得知，評價對象的價值會因時間稍微延遲而
大大減少。人們這種重視當前的特質稱為「現時偏誤」（present
bias）。此外，時間稍微延遲一些，價值就會大打折扣的現象，
也可以說明我們「沒耐性」或「急性子」的傾向。

大衛・萊布森（David Laibson）尤其重視這點，並提倡「距
離現在比較近的未來」的折現率大，但之後的折現率幾乎呈現
固定值，較容易建立數學模型的「準雙曲線折現」方法。換句
話說，準雙曲線折現就是將現時偏誤放進指數型折現的模型。
這個模型方便進行數學運算，萊布森藉此導出各種政策意涵，
但在現實中是否適用仍是個疑問。

折現率有辦法測量嗎？

關於折現率的測量，許多研究報告結果認為，折現率具有
以下特徵。

首先，折現對象的金額和效用越小，折現率越大；而且跟
金額大的時候相比，其價值降幅較為急遽。第二，折現率會因
時間的遠近而變化劇烈，當利得和損失的發生時間點距離現在
越遙遠，折現率就會越小。第三，利得和損失有不對稱性，支

付（損失）的折現率會遠低於獲得（利得）的折現率，而且利得的折現幅度較為劇烈。圖 7-2 明顯呈現了折現率的第一和第二特徵。

許多實驗嘗試測量折現率的大小，那些實驗並非假想，而是以實際的金錢、抽獎、健康狀態等各種對象進行測量，普遍認為前述三種傾向為折現率的常見特徵。

但如同後面將談到的，這些折現率的特質，沒辦法說已經完全確立。

費德里克等人，仔細分析四十一份測量折現率的報告，主張實驗結果的詮釋應當慎重。理由在於，第一，測量到的折現率差異甚大。不同實驗測量到的折現率，從 6％ 到無限大都有。在第 3 章提到的損失趨避係數大約是 2 ～ 2.5，這個數值經過多次驗證相當穩定；相較之下，折現率的數值差異過大。

第二，測量的方法不見改善，例如，研究不斷開展，但折現率的數值範圍卻沒有縮小。第三，就常識而言折現率太高。

就像這樣，折現率的測量研究很難說已經做出好成果。而費德里克等人指出，其原因並不在於折現率的測量方法，而是更根本的問題。也就是折現未來的行為，是由非常多元的因素所造成的，想用折現率這個單一因素來解釋，恐怕有難度。

他們指出影響的因素可能有好幾個，首先折現率的大小差異，是否真實反映了人們對時間延遲的反應〔此稱為時間偏好（Time preference）〕；或者說那是效用函數的特質和變化所造成的，兩者並未清楚區分。

　　從實驗中得到的，是折現後的利得效用，所以假如一年後的 2 萬日圓，和現在 1 萬日圓的效用相同時，就可以得到以下式子：

效用（1 萬日圓）＝效用（2 萬日圓）／（1 ＋折現率）

　　從這個式子可以導出折現率＝ 1，這個情況是以 2 萬元的效用為 1 萬日圓效用的 2 倍，這個不成文的法則作為前提。也就是說，金額和效用之間是「以金額若是 2 倍，效用就是 2 倍」的線性關係為前提。

　　但是傳統經濟學假設，效用會發生邊際效用遞減，也就是效用會隨著金額的增加而減少，如第 4 章所討論的，價值函數就是呈現敏感度遞減。因此，即便金額為 2 倍，效用也未必是 2 倍。例如，假設效用是 1.5 倍，效用（2 萬日圓）＝ 1.5 × 效用（1 萬日圓），折現率為 0.5，效用函數就會是線型時的一半。幾乎所有的實驗都是用這樣的方法測量折現率，因此推算出來的折現率都過大。

　　此外，喬治・羅文斯坦和德拉贊・普雷萊克（Drazen Prelec）指出，當效用函數和第 4 章提及的價值函數特質相同，也就是符合參考點依賴、損失趨避、敏感度遞減的特質時，即便折現率固定，也可以導出上述三個特質。而且效用函數可能會隨著時間而發生變化，也會受到如冰淇淋在夏天炙手可熱，但冬天卻門可羅雀這類季節性的影響。

　　人們對未來價值打折扣的行為本質，有辦法透過測量折現率正確地計算出來嗎？這是個大問號。

負的折現率

　　羅文斯坦針對「與喜歡的電影明星接吻」和「僅只一瞬間令人不舒服的電擊」，這類有點古怪的問題進行折現率的測量。

　　在電影明星的接吻問題當中，受試者偏好選擇三天後，而非立刻執行。另一方面在電擊問題，受試者則是認為時間延遲越久，價值越高。

　　這個結果表示，比起當前，受試者認為未來的價值比較高。若利用前述的折現率計算法，求得的折現率會是負值。愉快的事情稍作等待反而更加期待，而恐怖的事情則是盡可能避開，這應該是人之常情。

　　也就是說，接吻的情境帶來「期盼」的正面效用，而電擊的情況則帶來「不安」的負面效用。羅文斯坦把那樣的期盼和不安當做變項，套進效用函數裡，不需要把這個偏好想成是「折現率為負」的特例也可以說明。也就是說，這並非是由時間偏好，而是由效用函數帶來的結果。

大家喜歡漸入佳境

　　此外，折現另一個顯著特徵為，「一系列的選項」與「把

一系列選項拆成個別選項」兩者會出現不同的選擇結果。

　　傳統經濟學認為，各期的效用僅由那個期間的消費量所決定。也就是說，一天的效用僅由那天消費的財貨所決定，無論其他日子消費了什麼，或是未來想消費什麼，都不會帶來影響。因此，今後一週的總效用，是以加總七天份的（折現）效用為前提。這個特質稱為可分離相加（additive separable），現已證實未必需要滿足這個條件。

　　筆者詢問學生，如果你得到免費的晚餐券（含飲料），你會選擇「高級法國料理餐廳」還是「在地拉麵店」，結果有94％的人選擇法國料理。接著，作為選擇時期的問題，詢問他們在「一個月後，週末晚上的高級法國料理餐廳」用餐好，還是「兩個月後，週末晚上的高級法國料理餐廳」用餐好，結果有76％的人選擇一個月後，有24％的人選擇兩個月後。

　　但有趣的是，在「一個月後週末的高級法國料理＋兩個月後週末的在地拉麵店」和「一個月後週末的在地拉麵店＋兩個月後週末的高級法國料理」之間做選擇時，有30％的人選擇前者，70％的人選擇後者。這代表出現了負的折現率。

　　但如同以下例子，即便利得和薪資的總額相同，我們卻偏好漸入佳境的遞增系列。

　　羅文斯坦和普雷萊克發現，即便總額固定，我們卻偏好薪資隨時間遞增的方案。他們向一般人詢問，工作六年的薪資總額相同，但一開始起薪低，後來薪資逐漸調高的模式；與工作六年的薪水固定，但一開始起薪高，後來薪資逐漸調降的模式

當中會選擇哪一個。

　　一開始薪資高，之後逐漸調降的模式，從理性選擇的觀點來看是好的選項。因為將初期獲得的高薪資拿去做投資，可以獲得收益，中途離職也可以得到相當的金額。

　　但是受試者的回答當中，僅有 12％選擇這個模式，半數以上的人都選擇逐漸遞增的模式。

　　我們對消費和薪資的遞增偏好，應該可以用損失趨避來說明。例如，當期薪資若為參考點，下一期的薪資減少就會是損失。所以我們才會偏好薪資遞增，消費也有同樣的傾向。

　　拜倫指出，像這種遞增系列的選擇會變成一種捷思發揮作用，即便遞減的薪資是合理的，我們也會偏向選擇遞增的薪資。

依據相似性的選擇和折現

　　阿里爾・魯賓斯坦（Ariel Rubinstein）主張，一般人在進行決策時，是以「相似性」（similarity）的選擇理論為基礎；也就是各種不同選項的特質是否相似，會大大影響人們的選擇。具體而言，兩個選項的多個特質當中，我們會忽視其相似的特質，以相異的特質作判斷。相似性作為一種捷思發揮了功能。

　　例如在找房子時，假設是以房租和家裡距離車站的距離作為判斷基準。如果找到的房子具備的這兩個條件都很好，當然就直接選那個物件。但碰到房租 8 萬日圓，距離車站要走 15 分鐘的物件，以及房租 9 萬日圓，距離車站要走 3 分鐘的物件，

大家應該都會選擇後者。因為雖然前者的房租條件佳，但兩者
條件相似所以容易忽視，而距離車站的距離很明顯是後者的條
件比較好。訴諸直覺可以說是非常有說服力的理論。

　　魯賓斯坦表示，相同的原理在跨期選擇也會產生作用。他
以學生為對象，請受試者回答以下兩個問題。

問題 1

　　你花費 960 美元購買音響，預定 60 天後到貨，商品為
貨到付款。你願意接受「延後 1 天到貨，但可折 2 美元」的
請求嗎？

問題 2

　　你花費 1080 美元購買音響，明天到貨，商品為貨到付款。
你願意接受「延後 60 天到貨，但可折 120 美元」的請求嗎？

　　在雙曲型折現，拒絕問題 1 的人也一定會拒絕問題 2。因
為在雙曲型折現，延遲 1 天的補償金的價值，一定會隨著時間
減少（請參考圖 7-3）。在問題 2 中，延後 60 天到貨的補償金
為 120 美元，最後一天延遲補償金的價值一定低於 2 美元。若
無法接受問題 1 的「60 天後到貨，延遲 1 天的 2 美元補償」，
也一定會拒絕問題 2 所提議 2 美元以下的補償。

　　但實驗結果與這個推論相反。有 43％的人拒絕前者，30％

的人拒絕後者。魯賓斯坦利用相似性說明了這個現象。問題 1
的支付金額 958 美元和 960 美元相似，因此不會影響決策，受
試者因重視到貨時間而拒絕延後。另一方面，問題 2 中的 960
美元和 1080 美元並不相似，因此受試者會重視價格，而選擇
便宜的選項、同意延後到貨時間。

這個結果顯示，雙曲型折現無法說明的現象，利用依據相
似性進行選擇的原理便可說明。這個原理當然也有缺點，上述
例子的特質能夠量化，因此容易比較，但買車時轎車和廂型車
之間的比較，或是咖啡和紅茶之間的比較等，就難以獲得明確
的預測。

魯賓斯坦主張，近來經濟學界彷彿毫無疑問地討論著雙曲
型折現，以此為前提發展出各種理論與政策意涵，但這樣的狀
態極為危險。他表示，在不久之前，學界是以指數型折現作為
基準，並未討論那樣的假設於現實是否妥當，就以此為基礎建
構理論和政策。在那之後，學界出現針對指數型折現的批評與
反例，提出了雙曲型折現。但現狀是，雙曲型折現只是取代過
去的指數型折現而已，一點反省也沒有。

魯賓斯坦嚴厲批評，雙曲型折現因為方便套用數學模型，
而廣為學界所使用，但其背後的心理學根據不足，配不上行為
經濟學的別稱──「經濟學和心理學」這個研究計畫的名稱。

時間的框架效應

在測量折現率的實驗，一般會提示受試者一個月後或半年後，這類對當前而言時間為延遲的選項，請受試者對此進行評價。

相對於半年後這樣的時間延遲，丹尼爾．理德（Daniel Read）等人，則是提示 2006 年 7 月 7 日這種特定日期，詢問受試者求得折現率。史卓茲早在 1955 年的論文，就已指出特定的日期也跟時間的延遲一樣會影響折現率，卻長期遭到忽視。

理德等人發現，從提示受試者特定的日期回答的數值，所計算出的折現率，遠低於提示時間延遲所得到的折現率。再者，折現呈現的圖形並非雙曲型，而是比較接近指數型。

我們評估時間時也受到框架效應的影響，會因提示方式而有不同的解讀。

當條件是呈現利得的取得延遲時，我們的注意力就會放在「必須要等待多久」上；當條件是以特定日期呈現時，我們就會把焦點放在那天可以得到的利得大小上。因此，理德等人指出，後者的忍耐力高於前者，也就是折現率較低。

其中一個造成這個差異的心理機制，可能就是前面魯賓斯坦提出的「相似性」。

例如，該如何判斷 3 個月後和 16 個月後的差異，以及 2006 年 4 月 10 日和 2007 年 5 月 10 日的差異呢？ 3 和 16 比例

大約是 1：5，所以差異甚大；而 2006 和 2007 的差異大概是 4
和 5 的關係，數字大小本身沒有太大的差異。因此前者折現的
幅度大，而後者折現的幅度小。亦即，時間延遲的表現方式，
其折現程度遠大於以特定時間點表示。

　　這個發現顯示，時間的表達方式也會發生框架效應，使我
們對雙曲型折現產生疑問。

偏好逆轉

　　如果人們折現的行為是雙曲型的話，便會發生如圖 7-4 的
偏好逆轉（preference reversal）現象。

　　即便雙曲型折現的合宜性遭受否定，從日常生活經驗也可
明白，比起未來較大的利得（健康的身體），我們傾向選擇眼

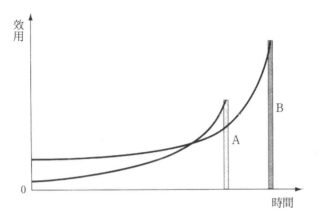

圖 7-4　雙曲型折現與時間不一致性

前較小的利得（抽一根菸）。偏好經常隨著時間而發生反轉。

圖 7-4 表示，未來較小的利得 A 和未來較大的利得 B，在那個時間點的效用，以及兩者折現後的當前效用。一開始 B 的效用大於 A，但隨著時間的流逝，A 即將成為現實的時候，效用的大小發生反轉，A 的效用變得比 B 大。這代表人們的偏好並非固定不變，而是會隨著時間而改變。

這個現象稱為「時間不一致性」（time inconsistency）。例如經常會發生，前一天晚上睡前想著「明天一定要 6 點起床」，但到了 6 點卻怎麼也起不來；明明發誓「明天一定要做這項工作」，但到了當天卻又覺得「明天一定處理，今天看點電視也沒關係」，結果拖拖拉拉地使得工作進度延宕。這跟戒菸、減肥失敗，或是過度使用信用卡，還不起卡債最後破產的情況是一樣的。也就是說，只看眼前的小利得，而失去未來可能得到的大利得。

像這樣的偏好，對當前重視的程度遠高過未來，因此稱為「現時偏誤」，同時受到眼前的東西所蒙蔽，所以也叫做短視近利。

塞勒用令人印象深刻的比喻來描述這個現象，「比起明天得到二顆蘋果，不如選擇今天拿到一顆蘋果；如果是一年後得到一顆蘋果，反而會選擇一年又一天後拿到二顆蘋果」。就如同諺語「明天的一百不如今天的五十」所示，這是日常生活中常見的現象。

哲學家大衛·休謨（David Hume）曾說：「在細想我未來

十二個月的行為之際，我決心經常選擇最大的善，無論那件事的時間距離是近還是遠。……但隨著時間越來越接近，對於現在產生新的傾向，使我難以堅守最初的目的和決心。」

塞勒舉了一個皮膚科醫師的例子：「警告患者於太陽底下過度曝曬，容易得到皮膚癌，沒什麼效果；但是跟患者說，陽光過度曝曬是黑斑和青春痘的成因，大家就會乖乖遵守。」

那樣的現象剛好跟下述例子相似。某棟高度較高的建築前面，剛好有一棟高度較低的建築。從遠處看，高度較高的建築看起來的確比較高，但是接近高度較低的建築後，高度較低的建築看起來卻比較高（請參見圖 7-5）。

像這種時間不一致性，不會發生在指數型折現。因此，發生時間不一致性的可能性，大多被列為雙曲型折現的基礎特質

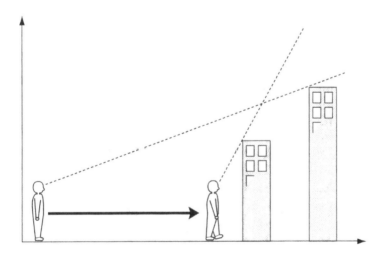

圖 7-5　建築高度與觀看方式，借喻時間不一致性

之一。

雖然雙曲型折現可能會引發時間不一致性，但造成時間不一致性的因素，並不僅限於雙曲型折現。

時間解釋理論：見林還是見樹

雅科夫・特羅普（Yaacov Trope）和妮拉・利伯曼（Nira Liberman）採取完全有別於雙曲型折現的觀點，以「時間解釋理論」（temporal construal theory）作為取徑，分析時間不一致性之類的跨期選擇。

時間解釋理論不僅適合用來解釋跨期選擇的實驗結果，也是直覺上極具說服力的理論。而且，這個理論扮演了補足雙曲型折現理論的角色，並具備可說明雙曲型折現無法解釋的時間不一致性的優點。

據時間解釋理論，人們在評估某個對象的價值時，會在心中解釋那個對象，而那個解釋決定了評價和偏好。接著他們主張，即便是同一個對象，也會因對象的時間距離遠近，使我們採取不同的觀點。

人們對於時間距離較遠的對象，會著重較為抽象、本質、特徵性的點來解釋；而時間距離較近的對象，則是以較為具體、表面、細節性的點來解釋。

即便資訊相同，也會出現這樣的差異。前者（距離較遠）傾向以較為抽象、本質、特徵性的要點，來解釋對象的方式稱

為「高水平」解釋；後者（距離較近）傾向以較為具體、表面、細節性的要點，來解釋對象的方式稱為「低水平」解釋。簡單來說，高水平的特質是指，評估對象具備之本質、核心特質；而低水平的特質是指，評估對象具備之周邊、附屬特質。

　　兩者之間的區別看起來任意了一些，但藉由下面的例子應該比較好理解。

　　當某個座談會變更演講主題時，與調整座談會開始時間相比，前者可能會被視為完全不同的活動，但後者並不會被視為完全不同的活動。在前者的情況，參加者對這個活動失去興趣的可能性非常高，由此可知，演講主題比時間具有較高水平的特質。

　　日常的生活經驗也有相似的例子。例如，想像你跟朋友一起去旅行，假如距離旅行時間還很久，你會想像美麗的景色、美味的餐點、與朋友愉快的對話等；但隨著旅行的時間越來越近，你便會開始在意集合地點、要攜帶的物品、前往車站和機場的方式等細節。

　　特羅普和利伯曼利用各種實驗與實例證實，某個對象和事件的時間距離較遠時，我們傾向使用高水平的解釋，而隨著時間越來越接近，高水平解釋的權重則會逐漸降低；相反的，在時間距離較遠的時候，低水平解釋的強度較弱，而隨著時間越來越接近會逐漸占優勢。亦即，這跟從遠處只看到森林整體，看不到單獨的樹；但接近之後，便能看見一棵一棵的樹，反而捕捉不到森林整體的樣子，是同樣的道理。

雖然我們可以主張，在時間到來前可以不必在意細節，所以忽視了細節。然而，獲得相同的資訊時，也可以運用那個資訊，討論遙遠未來事件的細節；相反的，針對距離較近的未來事件，也可以進行本質性的解釋——但是人們卻傾向不這麼做。

例如，特羅普和利伯曼進行了以下這樣的實驗。

他們將評斷漫畫和電影有趣程度這類有趣的工作，以及對照兩組明細資料、校對數字這類乏味的工作，組合成一個課題，每一個課題分為主要工作與次要工作，共 32 種組合；並將執行課題的時間區分為，馬上執行以及四到六週後再執行。

「主要工作為評斷漫畫的有趣程度，次要工作為馬上執行資料校對這類課題。」便為一例。依據工作內容、有趣程度、時間，搭配成 64 種組合。然後請受試者用 9 等級的評量尺度，評斷對那些課題的喜好程度。

實驗結果顯示，在時間距離較遠的情況，大家會以主要工作的有趣程度，對課題進行判斷評分；當主要工作為有趣課題時，會比主要工作為乏味課題有更高的吸引力。而相反的，在時間距離較近的情況，當次要工作為有趣課題時，吸引力大於次要工作是乏味課題。因此，即便可獲得的資訊完全相同，仍會出現偏好發生變化的現象，而這應該是我們所擁有的特質造成的。

他們也證實，我們對財貨的偏好，也會出現同樣的現象。

例如，評價某一個附時鐘功能的收音機時，如果用收音機

聽音樂是主要目的，音質就會是高水平的特質；若收音機是為了早上起床的功能，時鐘的準確度就會是高水平的特質，而另一邊就會是低水平的特質。

他們請受試者分開評價「立即購買這項商品的情況」以及「一年後購買的情況」。結果顯示，人們在時間距離遙遠時，傾向用高水平解釋；而時間距離較近時，則傾向低水平解釋決定偏好。

時間解釋的原因

為何會出現這種因時間的距離，而造成不同解釋的現象呢？特羅普和利伯曼藉由捷思的運用說明這個現象。也就是現實生活中，與未來事件相關的資訊少是正常的。不是低水平資訊的可信度低，就是根本無法取得資訊。此外，關於遙遠未來的決定，也可能發生變化或延期。因此對於遙遠的未來，就算暫時忽略低水平的解釋也沒什麼問題。

他們說明，反覆體驗這樣的過程，自然而然就會演變成，長期未來的事件用高水平解釋，離現在比較近的短期未來事件用低水平解釋的特徵。因此，即便實驗的條件是無論未來的時間長短，事件都擁有同樣的資訊而且無法改變，這個捷思仍會發揮作用。

訂定目標：理想性與可行性

任何目標都具備兩種層面，當結果如預期所想的「理想性」與「可行性」。假如你訂定了「提升成績」的目標，就必須考量「理想性」與「可行性」兩個面向。而「理想性」為高水平的特質，「可行性」為低水平的特質；也可以說是理想與現實。依據時間解釋理論，目標的時間距離較遠時，我們會重視目標的理想性，隨著時間距離越來越近，則逐漸轉為重視可行性。

例如，特羅普和利伯曼針對以色列的大學生，設計了兩份課堂作業與兩個繳交時間，詢問學生對作業形式的喜好。其中一份為無聊、對未來沒什麼用處，但相對簡單的作業（必須閱讀由母語希伯來文撰寫的文獻）；另一份則為題目有趣、有用，但相對困難的報告作業（必須閱讀第二外語英文寫成的文獻）。此外，作業繳交日期分為，從今天算起一週後繳交，以及九週後出題、隔週再繳交報告。

結果如他們所預料，在較近的未來，較多人選擇無聊但可行性較高的作業；而在較遠的未來，較多人偏好困難但相對有趣的作業。實驗證實了，時間距離遙遠時，著重理想性；時間距離近時，則著重可行性的假說。

對多數人來說，賭博的主要目的應該是為了獲得獎金。很明顯的，獎金代表理想性，而獲得獎金的機率則意味著可行性。據麥可‧薩葛瑞塔諾（Michael Sagristano）等人的實驗顯示，時間距離較遠時，我們較重視獎金；時間距離越來越接近時，

就會變得較重視機率。

現時偏誤與時間解釋理論

　　以下運用時間解釋理論，說明雙曲型折現的特徵「現時偏誤」。在評價未來的利得時，利得大小為高水平的特質，而時間的延遲為低水平的特質。因此，在評價時間距離近的未來利得時，比起利得的大小，我們比較重視時間延遲的意涵，所以即便是近期的未來事件，其價值也會被大打折扣。換言之，關於時間距離遙遠的未來事件，我們比較重視利得的大小；而時間距離近的未來事件，我們則偏重時間的延遲。

　　此外，雙曲型折現的背景因素當中，可能包含我們無意中認為未來充滿不確定性的情況。於實驗詢問受試者「三個月後的 1 萬日圓」的現值時，是以三個月後一定可以拿到 1 萬日圓為前提，但受試者可能會把「時間的延遲」與「不確定性」聯想在一起；也就是說把時間的延遲看作是，有可能無法取得之不確定性。如果是這樣的話，在時間距離較遠的未來，我們會重視作為高水平解釋的利得金額；而時間距離較近的未來，則是重視低水平解釋的取得可能性。

　　因此，同一數量的利得，「時間距離遠的未來」的折現率會低於「時間距離近的未來」的折現率。此外，在同一時間點，「利得大的那方」比「利得較小的那方」更有吸引力，因此「利得較大的那方」折現率較小。

　　因時間距離的遠近，造成對象的解釋水平不同，因而產生時間不一致性，也就是時間的偏好發生反轉。

　　以開派對為例，當派對的時間離現在還很久，心裡會非常期待派對；但隨時派對的時間越來越近，我們逐漸開始在意要準備派對的餐點等細節，甚至出現停辦派對的念頭。偏好隨著時間發生了反轉。

　　同樣的，明明很期待旅行，但隨著日子越來越接近越覺得麻煩；在婚禮的前一刻，出現婚前憂鬱症的現象不時可見。高空跳傘和高空彈跳也有相同的現象，距離實際體驗還有一段時間時，內心躍躍欲試充滿期待，但隨著時間越來越接近，卻突然感到恐懼。

　　這種時間不一致性無法用雙曲型折現說明的原因如下。

　　準備餐點和事後收拾是開派對的成本（損失），而派對上的聊天和交流則為利得。依據雙曲型折現理論，利得會隨著時間急遽減少，而損失則是緩慢減少。

　　決定一個月後要開派對的時候，代表利得折扣後的現值高於損失。而且因雙曲型折現具有注重當前的特徵，隨著距離派對的時間越來越近，利得的評價上升快速，而損失的評價上升緩慢，因此不可能發生偏好逆轉。

　　但是就日常生活的經驗來看，時間解釋理論的說明應該比較讓人信服。一旦開始在意要處理的瑣事，容易令人覺得那些會造成龐大的成本，而另一方面，當原本開派對的意義、目的越來越薄弱，派對的成本（損失）就會大於利得，可能因此中

止派對。這個時候偏好發生了反轉。

　　減肥、儲蓄、戒菸、遵守承諾、開派對等，現實生活中的各種決策有複雜的因素。即便利用雙曲型折現理論，針對評價金錢利得，這類單純的課題進行分析，能否將這樣的理論直接套用在複雜因素所組成的日常決策裡，仍是一大疑問。

健康與折現率

　　折現率越高的人，越重視當前、容易輸給眼前的誘惑。雖然很想說，這種類型的人容易揮霍浪費成性，老了之後沒有足夠的儲蓄，減肥總是無法成功，容易菸酒成癮，但做這樣的結論有點言之過早。

　　雖然華倫‧畢克爾（Warren Bickel）和馬修‧強森（Matthew Johnson）發現，與非毒品成癮者相比，毒品成癮者對金錢有較高的折現率，但也有可能是成癮性造成較高的折現率。另外，他們也觀察到，成功戒菸和戒毒的人對金錢的折現率會下降。

　　此外，在已開發國家，肥胖與其相關的疾病逐漸成為嚴重的社會問題。在歐洲和美國，民眾的體重持續不斷增加，減肥失敗的原因有可能是短視近利，但肥胖和折現率之間是否有關則是個疑問。身體質量指數（body mass index，簡稱 BMI 值）是世界通用測量肥胖程度的方法，計算公式是：

體重（kg）÷｛身高（m）｝^{2}。

雷克斯・博翰斯（Lex Borghans）等人，以荷蘭人為對象，調查 BMI 值與折現率之間的關係。他們實驗的結論為，個人的肥胖程度與未來健康的折現率多少有關連性，但無法將近幾年肥胖程度的增加，與折現率的上升連結在一起。他們指出，近幾年的肥胖程度增加的原因，反而有可能是因為高熱量食品價格變得低廉、容易取得。

跨期選擇的困難之處

這樣看下來，跨期選擇是經濟學上的重要議題，但相關理論的發展不足。

羅文斯坦等人做出以下結論：「深入理解跨期選擇的關鍵，不在於導出更好的折現函數，而是必須理解未來決策涵蓋的多元心理途徑。」

此外，理德也表示「跨期選擇為複雜的現象，恐怕是由多種機制所決定」，指出更進一步心理學研究的必要性。

峰終定律：結尾好一切都好

換個話題，讓我們來看看時間對效用判斷帶來的影響。

過去事件的經驗，很明顯應該會影響未來相同事件的偏好，換言之，過去經驗對當前的決策會帶來一定程度的重大影響。以前吃過、覺得好吃的零食，下次還想再購買是相當正常

的事。

因此，康納曼等人針對人們從過去財貨的消費所獲得的效用，以及對事件的愉悅程度、能記得多少、如何評價進行調查。

唐納德‧雷代邁耶（Donald Redelmeier）和康納曼針對實際接受過大腸鏡檢查的一百五十四名來診者，調查患者對檢查過程的痛苦程度與整體印象。他們請患者回報檢查過程中每一分鐘的痛苦程度，檢查後詢問患者對檢查的整體評價與印象。

調查結果顯示，患者對檢查過程的整體感想會受到「感受最痛苦的時刻」、以及「檢查最後三分鐘的平均痛苦程度」所影響。

此外，即便檢查時間從四分鐘到六十九分鐘落差極大，但檢查時間的長短跟檢查評價之間沒有關聯性。最痛苦的時刻以及最後幾分鐘的痛苦記憶，決定了患者對檢查的整體印象，因此康納曼將前者特徵稱為「峰終定律」（Peak-end rule），然後將後者評價跟檢查時間的長短無關的特徵稱為「忽視持續時間」（duration neglect）。

而這兩個特徵代表，人們以記憶判斷過去事件的效用的強烈傾向。也就是說，我們並非總和個別經驗來評價整體事件；過程中感受最強烈的部分，以及最後結尾的印象最為重要（峰終定律）；而且，人們對事件的評價與事件的時間長短之間無關聯性。

愛因斯坦曾說：「請把手放在炙熱的暖爐上看看，一分鐘感覺就像是一小時對吧。然而，坐在漂亮的女孩子身邊，一小

時卻覺得只是一分鐘。這就是相對論。」我們對事件的記憶也是相對的。

　　康納曼與雷代邁耶更進一步地進行調查，當患者檢查結束時，不馬上從患者體內拉出大腸鏡，而是大約放置一分鐘後，再慢慢將大腸鏡拉出體外。接受這個措施的患者對檢查整體的印象，會比採取普通措施時好非常多。這是峰終定律的展現，正如莎士比亞的喜劇，「結尾好，則一切都好」（All's well that ends well）。

　　前一次檢查時感受到的痛苦程度，應該會成為下次是否接受同樣檢查的主要因素，因此減少檢查過程中帶給患者的痛苦很重要。只要減少檢查時的痛苦，願意接受定期檢查的患者就會增加，提高早期發現早期治療的機會。減輕檢查時的痛苦，在醫療政策上具有相當大的意義。

冷水實驗

　　康納曼和芭芭拉・佛列德里克森（Barbara Fredrickson），藉由不同的實驗也證實了上述相同的效應。他們請受試者先將一隻手放進攝氏 14 度的水裡浸泡一分鐘，然後馬上用毛巾把水擦乾。接著將另一隻手先放進 14 度的水裡浸泡一分鐘，然後在那之後的三十秒慢慢將水溫提高至 15 度。

　　在兩隻手都浸泡結束之後，他們詢問受試者，如果必須再把手浸到水中，會選擇浸泡一分鐘就結束，還是浸泡時間較長

的一分半？

　　「時間較長、但最後不愉悅感減輕」的受試者當中，有八成選擇浸泡時間較長的選項。但不愉悅感並未獲得減輕的受試者，只有四成的人選擇浸泡時間較長的選項。即便感到不愉悅的時間較長，但最後不愉悅感獲得減輕的人，選擇浸泡時間較長的選項，這呈現了（峰終定律）末端效應（end effect）。

　　此外，回答「不愉悅程度相等」的人，選擇浸泡時間較短與較長的比例約各半，顯示受試者忽略了時間的長度。

　　而屏除最後的三十秒，受試者不覺得浸泡時間較長和較短的水溫是相同的。浸泡時間長的不舒服感，因最後感受變好而獲得減輕。康納曼指出，我們對過去事件的記憶，並非如電影般地連續，而是像快照一般，是稍縱即逝的片段。

評價金錢的利得實驗

　　以上的觀察和實驗，是以疼痛及不愉悅感等情緒刺激為對象進行評價，但評價金錢類的利得系列情境時，同樣也會出現峰終定律和忽視持續時間嗎？針對這個疑問，湯瑪士·蘭格（Thomas Langer）等人進行了以下的實驗。

　　他們請德國學生回答一連串的問題，然後以金錢實際支付利得。他們使用的方法很特別，例如用電腦畫面顯示「A＋4」，這是指請回答 A 之後的第四個英文字母，正確答案為 E。實驗由 10 ～ 20 道題目組成一系列的問題。

受試者一開始會先拿到一筆錢，因應回答使用時間的多寡，或是答題錯誤扣除金額。受試者完成兩個系列的問題後，要回答以下兩個問題：「你覺得哪個系列可以得到較多的錢」、「哪個系列的問題比較難」。

結果在多數的受試者身上，都可以看到以下現象：(1) 忽視持續時間：受試者以為長系列問題得到較多的錢，但實際情況是長系列題目被扣除金額比較多；（2）末端效應：評價的判斷受到最終問題難易度影響；（3）高峰效應（peak effect）：以整體「被扣除金額較多的問題」決定了一系列問題的整體難易度。而且有許多受試者對於「被扣除金額較少、獲得的金額較多」的系列題型，並不認為他們實際得到了比較多的錢。

不僅是疼痛和不愉悅等感受印象，就連應該可以非常客觀評價的金錢利得，也出現了相同的效用評價方式。

難以預設的未來偏好

羅文斯坦和丹尼爾・阿德勒（Daniel Adler）給受試者觀看馬克杯，然後請受試者假想他們擁有那個馬克杯，並可以決定要持有或出售。他們詢問受試者，若決定出售，要多少錢才願意放棄擁有馬克杯。回答願意出售的平均金額為 3.73 美元。

接著，他們真的給受試者馬克杯，並詢問願意出售的價格，平均金額跳到 4.89 美元。

預期金額在短短幾分鐘內就提升許多，這應該是稟賦效應

造成的結果。一旦擁有、評價就高的稟賦效應發揮作用，導致無法預測，這代表我們無法正確預測自己未來的效用和評價。

賽門森也透過實驗，請學生選擇在討論課上吃的點心，調查預測自我效用的準確度。實驗持續三週，準備好幾種於討論課上吃的點心，每次請學生選一種點心，許多受試者幾乎都選同樣的點心。但若是請受試者一次選三種，大多數的受試者都選擇三種不同的點心。

而且有趣的是，假如每次選一種，請受試者在一開始預測會如何選擇，許多人回答應該會選相同的點心。也就是說，在預測階段，受試者知道自己應該偏好每次都一樣的東西，但實際一次選擇三種點心時，行為卻違反了最初的預測。即便預測命中，行為與預測未必相同。

三種效用概念：現在、過去、未來

18 世紀功利主義哲學家邊沁（Jeremy Bentham）所主張的效用概念，為經濟學的效用概念奠定基礎、被古典經濟學家普遍使用，所指的是經實際體驗所獲得的效用。

邊沁在其著作《道德與立法原理導論》（*An Introduction to the Principles of Morals and Legislation*）中這樣說道：「大自然將人類置於兩位君主——痛苦與愉悅的宰制之下，它們決定我們應該怎麼做，也決定我們將會怎麼做。一切由君主所主宰。」痛苦和快樂的流動即為效用。

　　另一方面，在現代經濟學，偏好的概念逐漸替代了效用，選擇 A 而非 B，是因為比起 B 更偏好 A，也就是 A 比 B 帶來較多的效用。相反的，既然比起 B 更偏好 A 的話，當然就符合選擇 A 而 非 B 的「 顯 示 性 偏 好 理 論 」（revealed preference theory）；也就是理論上，偏好和選擇是一致的。

　　換句話說，理論認為，透過體驗獲得的效用，跟想像的效用經常是一致的。本書也時常將偏好跟選擇當作是同義詞使用。

　　康納曼沿用邊沁的用法區分兩者，將從愉悅、不愉悅的真實體驗所獲得的效用稱為「經驗效用」（experienced utility），透過記憶對事件進行評價的效用稱為「記憶效用」（remembered utility）。

　　如前所述，這個區分是有意義的。對我們而言，實際體驗跟記憶各自所帶來的效用是不同的。想買什麼、想吃什麼、想存多少錢，這類關於未來的決策，必須預測自己未來應該可以得到的效用。為決策所需，這個效用的預測是必要的，因此稱為「決策效用」（decision utility）。而我們經常依據過去事件的記憶進行決策，因此決策效用跟未來自己得到的經驗效用有可能是不同的。

　　過去學到的經驗，決定我們未來應該怎麼做，因此記憶偏誤帶來的影響重大。因為若記憶有偏誤，未來的選擇也會產生偏誤。就理性選擇而言，這是很嚴重的問題。

　　康納曼表示，這種效用概念的分類對傳統經濟學提出了新

挑戰。也就是說，準確掌握自己體驗過的、可能體驗的消費和
事件所得到的效用，以此為基礎對未來進行決策，是傳統經濟
學的不成文假設，然而這樣的假設卻不成立了。因為經驗效用、
記憶效用、決策效用是不一樣的東西。

滿意度有辦法最大化嗎？

從前一章和本章可以知道，人們的偏好和效用等各種不同
的特質，很滿足「效用極大化」的條件。

那麼，人們會極大化從經驗效用得到的滿意度嗎？奚愷元
（Christopher Hsee）等人主張，我們可能並未極大化滿足感，
而且可能也做不到。

主要有兩點。第一點是，我們不知道選哪個選項可以獲得
最大滿足。第二點是，即便知道哪個選項能帶來最大的滿足，
實際上也未必會選擇那個選項。兩個原因是同時存在的。

第一點的問題在於，我們無法正確預測未來的經驗效用。
第一個原因就是，前述康納曼等人所指出的，經驗效用與記憶
效用的不一致。

第二個原因，是羅文斯坦等人所說的「投射偏誤」
（projection bias）。我們在預測自己未來的偏好時，會高估自
己現在的狀態，認為那個狀態會延續到未來。舉個簡單的例子
來說，肚子餓時，到超市購物容易購買過多食材。明明現在的
感情狀態、肚子餓、性欲等本能的持續性低，卻誤判這樣的狀

態在未來也會持續長久，因而容易做出未來會後悔的決定。因為現在的影子，投射到了未來。

第三個原因，則是奚等人提出的「差異認知偏誤」（distinction bias）傾向。他們舉了下例說明，在「高薪但工作內容無聊」跟「低薪但工作內容有趣」之間做抉擇時，我們容易過度放大量的差異（即薪水的差異），而低估質的差異（即工作的有趣程度）。而在做決定時，理智考量的決策效用跟實際工作感受的經驗效用是不一樣的，因此可能無法讓滿足感極大化。

第四個原因，如前所述，是選擇越多未必越好的問題。選擇多元，乍看之下滿意度好像很高，但未必如此。例如，抽獎時，若抽中免費遊巴黎會很高興，抽中夏威夷旅遊當然也開心。然而，如果要從巴黎旅遊和夏威夷旅遊之間選擇，實際上滿意度會降低。選巴黎的人會感到不滿「巴黎看不到海」，而選擇夏威夷的人可能會發牢騷「夏威夷沒有好的美術館」。

接著是第二點，即便真的知道哪個選項能帶來最大的滿足，也未必會選擇那個選項的問題。首先，本章討論到的「衝動性」或是「短視近利」是個好例子。自己非常清楚，為了遙遠未來的健康著想，現在應該要減肥才對，但是手卻還是忍不住伸向眼前的蛋糕。明明知道哪個是最佳選項，卻做不到。

第二，我們按原則做選擇。這是如前一章所述的行為原則，例如，偏好多元選項的傾向，或是造成沉沒成本效應的原因「不

要浪費」。依據捷思做選擇，也是按原則做選擇的一種。

第三，如前一章提到的，即便會降低滿意度，人們仍偏好選擇有理由支持的選項。奚愷元等人將這樣的傾向命名為「世俗理性主義」（lay rationalism）。例如，在他們的實驗當中，請受試者從 50 分美元的心形巧克力，跟 2 美元的蟑螂形巧克力之間做選擇，大多數的人都是選 2 美元的巧克力。然而，請受試者實際品嘗，並詢問哪種巧克力帶來的滿意度比較高時，回答心形巧克力的人比較多。

第四，如同奚愷元等人所提出的概念「媒介最大化」（medium maximization）。購買商品的目的不是商品本身，而是為了累積購物可得到的點數或哩程數。這是日常生活中常有的經驗，而他們藉由實驗證實了這樣的現象。

他們請某個實驗群體的受試者，從簡單的課題和費工夫的課題中做選擇，前者的報酬為香草冰淇淋，後者則可獲得開心果冰淇淋。而另一組受試者則是，選簡單的課題可以拿到的報酬為 60 點，可選擇交換成香草冰淇淋；而費工夫的課題則可獲得 100 點，可交換為開心果冰淇淋。點數無法做其他用途使用。

第一組無媒介的受試者，大部分都選擇簡單的課題，得到香草冰淇淋。而第二組，卻有大半的人都選擇費工夫的課題，獲得以點數為媒介的酬勞，換取開心果冰淇淋。但詢問全體受試者冰淇淋的偏好，幾乎所有人都回答香草冰淇淋。造成這個結果的原因，除了單純受到媒介點數較高的選項所吸引之外，別無他者。

　　金錢也只不過是媒介罷了。拼命賺錢，也未必能帶來滿足和幸福，這種現象經常可見。羅伯特・法蘭克（Robert Frank）藉由豐富的文獻和數據指出，絕對所得水準與幸福感無直接的關聯性。

　　幸福的研究，是最近經濟學和心理學的重要議題之一，其主要的探討內容為，人們覺得什麼是幸福？有辦法獲得幸福嗎？如同在本書所討論的，人們能否極大化滿足感的問題，便是幸福研究的重要關鍵。

第 8 章

互惠與懲罰

社會偏好的選擇

人類泰半活得自我中心，但卻無法活在社會之外。

——日本小說家山本周五郎

《長路》

> 努力想實現自己的利益，應先為他人付出；一心只想著
> 自己的利益，自己的利益便無法實現。
>
> ——藏傳佛教薩迦派第四祖薩迦·班智達

立基於信任的經濟

大家應該有未看過實品，就在網路上購買商品的經驗吧？

是否有發生過自己的信用卡資訊，因網路購物而流到銷售端手上的經驗呢？

有人可能也遇過郵購公司，把商品和匯款單一起寄來的經驗吧？商品如果是假貨該怎麼辦呢？是否會擔心信用卡被盜用呢？企業端是否會擔心消費者沒付錢就把衣服給穿走呢？

近年來，周遭鄰居、村落、小型企業之間，和熟知彼此的面孔、來歷的熟人一起工作和買賣的交易關係日益減少。隨著海外交易、網購交易的日漸普及，跟素昧平生的人僅只一次的交易越來越頻繁。

並非所有的人都值得信賴，也會有欺騙他人的人，為此出現各種防治網路詐騙的法律和制度。但不可能所有的交易都簽署詳細的合約，也難以檢證合約是否確實履行，因此在法律和合約的基礎之外，信賴關係相當重要。

　　在雇主和受僱者的關係中，勞工認真工作與其勞動報酬不是由詳細的合約規定，而是建立於一種信賴關係之上。商品的買賣也是如此。商品品質和寄送方式的承諾、買方確實支付款項等，有很大一部分是仰賴信賴關係而非合約。

　　這樣的信賴關係，對經濟活動的圓滑運作是不可或缺的。肯尼斯・阿羅曾這樣說道：「實際上所有的商業交易裡，都包含著信任要素。……全球經濟發展遲滯的現象，大多可以用彼此欠缺信任感來說明。」

　　為何以信任為基礎的交易是可能的？把問題放得更廣一點，我們在進行決策行為時，是如何評價他人的行為，如何將對方的行為納入考量的呢？

　　不只是考量自己的利得，也將他人的利得納入考量的偏好，稱為社會偏好（social preference）。

　　本章將以人們具有何種社會偏好，以及社會偏好會對人們的合作行為帶來何種影響，作為主題進行探討。

　　在進入主題之前，讓我們先定義一下，於本章時常出現的詞彙「利他主義」（altruism）和「利己主義」（egoism）。利他主義是指，減少自己物質上的利得，也就是花費成本，增加他人物質利得的行為和特質。如此一來，利己主義就是指完全只追求自身利得的行為和特質，是經濟人具備的特質。傳統經濟學僅以利己主義的經濟人為前提。

公共財賽局

假如你看到你的朋友，幫助攜帶大包小包的老人過馬路。那位朋友為什麼會採取如此親切的行為呢？

這有好幾個可能的理由。你的朋友跟那個老人可能是親戚關係；你朋友可能企圖在老人，以及看到這件事的你之間博得好名聲；你朋友可能期待老人未來會親切地回報；又或者是，只是想幫助陌生人，獲得純粹的喜悅。

我們無法正確掌握對方內心的想法，因此上述可能單純僅為臆測。要從日常生活中的觀察和經驗查明行為背後真正的理由，實在不太容易，此時就是各種實驗出場的時候。實驗能控制影響合作行為的各種可能因素，藉此找出關鍵的影響因素。

研究人類的社會行為時，經常運用名叫「公共財賽局」（public goods game）的實驗。

實驗找來數名受試者，並給予每位受試者一筆初始金額；例如，一組有四位實驗參與者，每位參與者會拿到 1000 元。

每位參與者須決定要從 1000 元拿多少錢作為小組的公共財產。實驗者計算每位受試者貢獻到公共財產的總額，然後加倍，例如加 2 倍後，平分給所有受試者。舉例來說，假如每個人分別貢獻 400 元，總計 1600 元的金額，乘上 2 倍後的 3200 元由四人平分，分配額 800 元加上每人手頭上的 600 元，總計可獲得 1400 元。

如果自己完全不貢獻，讓別人出錢到公共財產，例如自己

的捐獻額為 0 元，而其他三人出全額，自己總共可拿到 2500 元。
這種「搭順風車」的規則相當吸引人。

相反的，若自己捐出全額 1000 元，而別人捐獻額為 0 元，
自己只能拿到 500 元，比初始金額還少，也就是貢獻對增加自
己的利益沒有意義，因此每個人都有當搭便車者的動機。這個
時候小組的利得總額會是 7000 元。

另一方面，若所有人全額貢獻給公共財產的話，每人可獲
得的利得為 2000 元，小組整體利得為 8000 元，比組內有搭便
車者的時候還多。若所有人都是搭便車者的話，每人的利得只
有初始金額的 1000 元。

在公共財賽局，若所有人都通力合作，便可獲得較大的成
果；但同樣的，任何人都有偷懶、期望別人付出的動機。

此外，環境問題、公有地的使用問題等皆有同樣的問題結
構，不僅是經濟學，而是社會隨處可見的現象。公共財賽局是
廣為人知的囚徒困境（請參見第 2 章）的多人版本，因此也稱
為社會困境（social dilemma）。

經濟人在公共財賽局裡會採取什麼樣的行動呢？答案當然
是選擇搭便車。所有人都會這樣做，因此對公共的捐獻額為 0
元，因此每個人獲得的金額會跟初始金額一致。那麼實際進行
這個賽局實驗時，會有什麼樣的結果呢？結果會如上述的預測
嗎？

危險的合作關係

大多數的公共財賽局實驗都會得到以下的結果。假設反覆這個賽局實驗十次，每次的受試者都不同。第一次實驗可以看到受試者的合作行為，平均捐獻額為初始金額的 30％～40％，但合作程度會逐漸降低，到了第十次的實驗，捐獻額跌至初始金額的 10％。

此外，針對同一批人反覆實驗的結果亦同，最初合作程度高，捐獻額約為初始金額的 50％，而後合作程度逐漸降低，到最後一次實驗貢獻金額減至 15％。

這個實驗結果帶來幾點啟示。首先，並非所有人都經常採取利己的行動；相反的，也沒有完全利他的人，或者是即便有，也是極少數。其次，合作關係是放任不管，就容易毀壞的易碎物。再者，以初次實驗的合作行為就判斷人類是利他主義，或是僅以合作關係崩解就斷定人類是利己主義，都是言之過早。

過去曾經以經驗學習的說法，解釋合作行為減少的現象。此解釋稱為「混亂假說」，認為參與者一開始不清楚賽局的結構，因而做出錯誤判斷選擇合作，但逐漸學習賽局的機制之後，捐獻額就會逐漸減少。

但詹姆士・安德烈奧尼（James Andreoni）指出這個解釋並不充分。他發現當實驗組成員固定，重複十次賽局，合作程度會逐漸降低；但在那之後重新分組，讓參與者與不同成員進行相同的實驗時，又會出現最初捐獻額多，再逐漸減少的情形。

因此經驗學習無法說明為何合作會降低。

有條件的合作

讓我們來看看公共財賽局的行為模式。

烏爾斯・費斯巴赫（Urs Fischbacher）等人的實驗顯示，在其他人願意合作的條件下，有半數的人也願意合作。其中大約有整體 10％的人，傾向完全配合實驗組其他成員的捐獻額（其預測值），約有整體 40％的人願意貢獻稍微低於其他成員平均值的金額。30％是徹頭徹尾的搭便車者。有 14％的人，在整體的平均捐獻額低於初始持有額的一半前，會配合其他成員，但是當整體平均捐獻額超過持有額的一半後，捐獻額便會逐漸減少。剩餘的少數人採取完全隨機的行動。並不存在捐獻額經常高於整體平均之上的完全利他者。

此外，實驗結果證實，當其他成員的平均捐獻額增加時，個別捐獻額也會跟著增加。也就是說，許多人是「有條件的合作者」，若其他人願意合作，自己也願意合作。

再者，雖然說是有條件的合作，但很多並非完全合作，其貢獻的金額略低於其他成員的平均捐獻額。只要這種「有低度條件的合作者」跟「採取利己行動的人」占團體多數，在重複實驗時，組內的平均捐獻額就會逐漸減少。亦即，合作關係逐漸動搖，最後走向崩解的情況不難想像。

引進懲罰制度

　　那麼合作關係該怎麼做才會成立？又該如何維持呢？

　　大家都知道，懲罰制度是促進合作非常有效的手段。從日常生活的經驗和觀察時常可以發現，只要有懲罰制度，人們就會為了迴避處罰而選擇合作。懲罰不僅限於刑罰和罰金這類處罰，負評、村八分 [2] 也包含在內。

　　同樣的，將懲罰制度引進公共財賽局，合作率會大幅提升。

　　恩斯特・菲爾（Ernst Fehr）和賽門・蓋希特（Simon Gächter），實行了一項能懲罰其他小組成員的公共財賽局實驗，也就是可以讓其他人的利得為負。只不過祭出懲罰的那方需花費成本，例如實驗設計內容多一項規則，想處罰他人，讓對方減少 300 元的利得時，自己就必須負擔 100 元的成本。實驗當然是匿名，大家無法得知小組其他成員是誰。

　　在這個賽局，四名參與者同時決定捐獻額後，會得到其他人貢獻額的資訊，參與者可以據此懲罰其他參與者。

　　菲爾等人針對同一組實驗對象，重複進行十次這個可以懲罰他人的賽局實驗。結果發現，在第一回合作程度就高達 70％，合作程度逐漸上升，到了第四回之後合作程度維持 90％以上。即便實驗設定為，每輪實驗都更換成員，在不會遇到之前同組參與者的情況下，第一回合作程度也有 40％，合作程度

會逐漸上升，到了第十回之後合作程度達 70％。

　　由此可得知，迴避處罰的動機能使合作行為大幅增加。就連（或者說，正因為是）徹底的利己主義者，也會因為害怕處罰減損自己的利得，而選擇合作。

懲罰的動機

　　那麼，受試者頻繁使用懲罰的情況呢？在其他實驗中，菲爾和蓋希特設定了「有懲罰」跟「無懲罰」的兩組，分別進行了六回的公共財賽局。每組由四位成員組成，每輪實驗都會更換成員；對其他成員祭出懲罰時，也必須負擔成本。

　　實驗結果顯示，84％的受試者至少會祭出一次懲罰，34％會祭出五次懲罰。參與者可以針對組內任何人實行懲罰，而受到懲罰的人大部分是不合作者（捐獻額為平均額以下的人，約占 75％），祭出懲罰的人則大多為合作者（捐獻額為平均額以上的人）。

　　在這個實驗，先實行六回沒有懲罰制度的賽局，然後接著進行六回有懲罰制度的賽局。結果顯示，沒有懲罰制度時，平均合作率從最初的 55％，逐漸跌落至第六回的 30％；但有懲罰制度時，平均合作率從最初的 60％，穩定提升至第六回的 85％。

　　將順序反過來，先實行六回有懲罰制度的賽局，然後接著進行六回沒有懲罰制度的賽局的結果亦同，有懲罰制度的賽局

會出現較高的合作率。懲罰可以促進並維持合作意願。

但必須注意的是，過去為利己主義的搭便車者，不會因為懲罰的引進而變成利他主義者。那只是因為懲罰的引進，改變了利得結構，選擇合作比背叛更可以增加自己的利得。換言之，合作變得有利，利得發生變化，因此利己主義者選擇合作；而選擇合作的人多，所以有條件的合作者也願意選擇合作。

這裡必須留意，懲罰行為不必然跟增加自己的利得有關。因為每回都更換成員，不會再跟同一個人碰面，假如某回受到懲罰的人在之後的實驗增加捐獻額，因此受益的並非當時祭出懲罰的人，而是未來跟增加捐獻額的受懲罰者同組的人。雖然跟自己的利益沒有直接關係，卻還是願意花費成本處罰他人。這樣的懲罰行為對他人有利，因此又稱為「利他懲罰」（altruistic punishment）。

經濟人應該是，既不合作、也不懲罰不合作者。為什麼呢？因為假如別人也同樣是經濟人，無論是合作還是懲罰，都無法增加自己的利益。因此不只是懲罰他人的機會，懲罰的實行也是促使合作的重點。

在成員固定的公共財賽局，一旦受到懲罰，下回合作意願就會提升，但固定成員間的懲罰行為未必是利他。因為懲罰他者的人，有可能是企圖增加自己未來的利益。

然而在菲爾等人的實驗中，無論在固定成員與更換成員的條件下，受處罰者的增加合作行為幾乎看不出差異，懲罰行為也無差異。也就是說，即便懲罰行為與增加自己的利益無關，

也會選擇懲罰。

由此可見，與其說「懲罰」是作為抑制背叛、促進合作的策略，不如說是將之視為背叛行為應得的報應而執行。這個現象跟社會心理學家的說法一致。

那麼當懲罰的成本提高時，參與者還會實行懲罰嗎？針對這個疑問，克里斯多福‧安德森（Christopher Anderson）和路易‧普特曼（Louis Putterman）提供了答案。他們實驗發現，當懲罰的成本變高時，懲罰就會減少，大家遵循需求法則。

就像這樣，我們無法說懲罰一定是為了追求私利；而受試者也並非不計成本執行懲罰，因此也沒辦法說是純粹的利他，不可忽視追求私利的面向。

由第三者執行懲罰的賽局

將懲罰引進公共財賽局，提升了合作率，但這個懲罰是由賽局同組參與者之間所進行的。而菲爾和費斯巴赫實行了「第三者懲罰賽局」的實驗。他們將實驗設計成，賽局參與者以外的第三者可以觀察參與者的行為、並執行懲罰。

二名參與者進行囚徒困境的賽局，同時選擇合作或背叛。賽局不重複進行，僅實行一次。第三者可以在觀看參與者選擇的結果之後，花費成本懲罰參與者。囚徒賽局是只有二人的公共財賽局，因此這個賽局可以看做是，伴隨第三者執行懲罰的公共財賽局。

實驗結果發現，在囚徒困境中選擇背叛的參與者，有70％受到懲罰；尤其是對方選擇合作，卻選擇背叛的人，有近半數受到懲罰。

這個實驗結果非常有意思。這個賽局是不重複、只有一回的賽局，包含第三者參與者皆為匿名，因此第三者根本不可能是考量自己的私利，而選擇實行懲罰。儘管如此，第三者還是選擇了懲罰。

第三者的懲罰行為，可以說是極為利他的行為。

懲罰與情緒

為什麼人類會有懲罰的行為呢？這邊讓我們思考一下情緒所扮演的角色。

公共財賽局的背叛行為，可能會引發合作者憤怒等強烈的情緒，這應該不難想像吧。這樣的情緒驅使了懲罰行動。

在帶有懲罰的公共財賽局實驗後，針對搭便車者的憤怒和不悅，菲爾等人向受試者詢問以下兩種情境問題。

「假設你捐獻了16〔5〕點。第二位參與者捐獻了14〔3〕點，第三位捐獻了18〔7〕點，然而第四位卻只捐獻了2〔2〕點。如果實驗後你巧遇第四位參與者，你對那個人會有何種情緒反應呢？」

他們請受試者閱讀這個情境文，將憤怒不悅的情緒程度最低為1、最高為7，分成七個階段評價。結果在第一個情境，

有 47％的人感受到等級 6 以上，37％的人感受到等級 5 強度的憤怒和不悅。而在第二個情境（〔 〕條件），有 17％的人感受到等級 6 以上，81％的人感受到等級 4 或 5 強度的憤怒和不悅。這個結果顯示，對搭便車者的憤怒程度會受到當事人的捐獻額、以及同組其他人捐獻額差距的影響。

而且反過來詢問，當自己是搭便車者，其他人是否會感到憤怒時，大多數的人也是預測「捐獻額跟同組其他成員的差距越大，其他人應該會越憤怒」。

依據前面的實驗，跟其他同組成員相比，捐獻額越少，越容易受到懲罰，懲罰也較為嚴苛（大幅扣除利得）。此外，一旦引進懲罰，參與者會因害怕而增加捐獻額。這個結果，跟上一個問題的結果完全一致。

因此，對搭便車者感到憤怒的情緒，可能是引起懲罰行為的重要因素。此外，跟當事者感受到的憤怒情緒稍有不同，第三者所執行的懲罰應該是一種義憤填膺的情緒所引起的行為。

只不過，雖然說懲罰是由情緒引起的，但並不是說情緒性的懲罰就是不理性、不好的。關於情緒代表的意義，將於下一章詳細討論。

強互惠：你好我好大家好

因為別人合作、所以我也合作，這種「有條件的合作」經常稱為「正的互惠性」。也就是既然別人合作，那自己也願意

合作；既然別人不合作，那自己也不願意合作。此外，若不合作就懲罰對方，便稱為「負的互惠性」，與「正的互惠性」統稱為「強互惠」（strong reciprocity）。強互惠指的是，見合作者選擇合作，遇不合作者選擇懲罰的行為。而這也包含了別人若不合作，自己也不合作的意思。亦即，以德報德，以怨報怨；「彼此彼此」或是「施與受」的精神。

因為互惠性是指，互相協調讓雙方都方便，因此僅指前述的「正的互惠性」。而所謂的「還以顏色」或是「以眼還眼，以牙還牙」，僅指前述所說的「負的互惠性」。雖然沒有整合兩者、最貼切的詞彙，但社會學和文化人類學所使用的詞彙「互惠性」恰到好處。

行為的意圖也很重要

他人和社會在評斷人們的行為時，不會只看那個行為帶來的結果，也會受到行為者的意圖所影響。就像我們常說的，「沒有惡意，應該可以原諒」。

在刑法上，即便同樣是致人於死，但是因蓄意犯下的故意殺人罪，與因過失而犯下的過失致死罪，其刑罰內容差異甚大。就像這樣，不僅是行為的結果，行為的意圖也會對他人行為帶來相當大的影響。

克勞斯・阿秉克（Klaus Abbink）等人所設計的「夜盜賽局」，便是讓意圖明顯可知的賽局實驗。

　　這個賽局的背景設定是，參與者 A（小偷）受參與者 B（老大）之命偷竊的。小偷可以將偷來的錢占為己有，也可以獻給老大；而老大可以給予小偷報酬，也可以懲罰他。這是一個可以探索互惠性的賽局。

　　賽局的參與者共二人，賽局僅進行一次。實驗分為兩階段，參與者 A 和 B 的初始額各為 12 點。

　　首先，參與者 A 從－6 到 6 之間以下選 1 個整數，假設此整數為 a。若 a 為正，就將 a 的 3 倍，也就是 3a 交給 B。亦即 A 把賺得的錢獻給 B 的意思。若 a 為負，就可以從 B 奪走 a 點數（正確來說是 a 的絕對值）。

　　接著，B 在知道 a 是多少之後，從－6 到 18 之間選一整數為 b。若 b 為正，則 B 把 b 給予 A，也就是 B 支付報酬 b 給 A。若 b 為負，則 B 失去 b 點數（正確來說是 b 的絕對值），A 則失去 3b。也就是把 b 當作是成本，減少 A 的 3b 點數作為懲罰。

　　阿爾敏・法爾克（Armin Falk）等人，藉由行為者意圖明顯的夜盜賽局實驗，探討推測對方意圖會對人們的行為造成何種影響。他們利用上述夜盜賽局相同的結構，以兩個不同的條件進行實驗，並比較兩者實驗結果。

　　第一個條件是：A 的意圖明顯（意圖條件），A 可以任意選擇 a。第二個條件則是：a 的值由骰子任意決定（隨機條件），在這個情況 A 的意圖不明。

　　在這個賽局，若 B 追求私益，就會經常選擇 b＝0，對 A 既不支付報酬，也不懲罰。為什麼呢？因為賽局僅進行一次，

那樣做會耗費成本。即使參與者 B 不追求私益，若 B 不論對方意圖、只看結果的話，在這兩個條件下的行為，應該不會有太大的差異。

若 B 只關心 A 的意圖，在隨機條件下，應該既不會處罰 A，也不會支付 A 報酬；而且在意圖條件下，若 a 值大，B 應該會給予報酬，若 a 值小，則應該會祭出懲罰。

實驗結果顯示，在兩個條件下，B 的行為差異甚大。在意圖條件的情況下，出現 B 對 A 給予報酬或祭出懲罰的現象，遠多於隨機條件的情況。此外，B 在意圖條件的情況下，完全沒有出現追求私益者（選擇 b = 0），但是在隨機條件的情況下，有 30% 的人是利己的。

也就是說，多數人不只看結果，也會對對方的意圖產生反應。這代表互惠性的反應不只針對結果，也包含了對他人意圖的反應。所以即便結果相同，可能隨著接收資訊者的解釋不同，因而引發不同的行為。

凱文・麥凱普（Kevin McCabe）等人，稍微改變了賽局的條件設定，同樣針對意圖與互惠性之間的關係進行調查。他們的賽局有二位參與者 A 和 B。

首先，參與者 A 要決定是分配自己和 B 為（20, 20），或是選擇放棄交給 B 安排。若 A 選擇前者，賽局就此結束。若 A 放棄，選擇交給 B 決定，B 從（25, 25）公平的分配及（15, 30）對自己有利的分配二選一之後，賽局便結束。賽局分為 A 可以主動選擇，以及如後述無法主動選擇的兩個條件，進行實

驗。

在第二個條件，A 沒有選擇權，B 從（25, 25）公平的分配，以及（15, 30）對自己有利的分配當中做選擇後，賽局便結束。

如果「避免出現分配結果不平等，就是公平的表現」假設成立，B 的選擇所產生的利得分配，無論在哪個條件下都會相同，因此 B 的選擇應該沒有差異。

然而，實驗的結果卻相反。首先，在最初 A 可以選擇的條件下，有 37％的人選擇（20, 20），63％的人選擇放棄，交給 B 決定。而受委託做決定的 B，有 65％的人選擇公平的分配（25, 25），35％的人選擇利己的分配（15, 30）。

相對於此，在最初 A 沒有選擇權，由 B 選擇的條件下，選擇公平分配的人僅有 33％，67％ 的人選擇利己分配。在兩種條件下，B 的選擇有明顯的差異。

這個現象可以用 B 是否理解 A 的意圖來說明。A 放棄選擇（20, 20），委託給 B 決定的原因應該是 A 期待 B 會選擇公平，而且對兩人而言利得都大的選項（25, 25）。換句話說，B 應該是感受到 A 的信賴，為了回應對方的信賴，因此多數人都選擇了（25, 25）。

另一方面，在 A 沒有選擇權的條件下，B 可以撇開 A 的意圖自由選擇，由此可以解釋，為何有這麼多人選擇利己的分配（15, 30）。

所謂的「社會」是對照組

倘若合作和懲罰的實行跟另一個人的經濟、物質利益沒有關係，我們究竟為何從事那樣的行為呢？

其中一個理由應該是，我們追求公平的特質。而我們認為什麼是公平呢？廣為大家所熟知的，就是不公平厭惡（inequality aversion）的特質。亦即，自己和他人的利得差異越小越好的概念。他人的利得成為參考點，如果與自己的利得相比差距大，就會判斷為不公平。

這裡所指的他人，並非一般的他人，而是跟自己有密切關係的人，指的是地方社會、職場、學校等場域的同事、朋友、熟人等。這些人稱為「對照組」。我們在乎的，是這類隸屬對照組的他人，其他人隨便怎樣都好。

知道隔壁鄰居換了新車，可能會有點羨慕，但是在電視上看到有錢人擁有別墅和高級進口車，雖然會湧現好奇心，但應該不至於感到忌妒吧。因為那是不同世界的人。本章開頭引用的山本周五郎與第 5 章開頭引用的英國散文作家哈茲列特，他們指的「社會」或「世人」，正是這裡所說的「對照組」。

而懲罰的背後，可能也有不公平厭惡的動機。法爾克等人將實驗設計成，參與者能夠以 1 單位的懲罰成本，扣除 1 單位被懲罰者的利得。在這個條件設定下，懲罰並未發揮矯正利得差距的作用；儘管如此，參與者仍頻繁祭出懲罰。

此外，他們在這樣的懲罰條件下，分別針對成員固定，以

及每回更換成員的情況，進行賽局實驗。兩者的懲罰行為幾乎不見差異。亦即，出現無法以不公平厭惡解釋的懲罰行為。

如前所述，判斷公平與否時，不僅是結果，行為者的意圖也是極為重要的因素。但是在沒有意圖的情況下，也會出現懲罰。也就是對結果亦出現反應。換言之，互惠性的成立與否，可能是立基於對「結果」和「意圖」兩者進行的公平性判斷。

好名聲建立的互惠

對他人施以善行，不僅是受惠的當事人，團體其他人也會回以善意。以行善建立好名聲，別人也會對自己好。就像這樣，不僅限於當事人，與團體內的第三者之間的互惠關係，稱為「間接的互惠性」。施以善行，而獲得對方的回報，則可以稱為「直接的互惠性」。

想發揮間接互惠性的作用，就必須讓當事人以外的第三方也知道某人做了什麼善事。那個時候，評價和名聲就變得很重要。一旦建立起好人的名聲，別人就會親切對待那個人，這是日常生活中常見的現象。

俗話說「善有善報」，最近有越來越多人是用「送佛送上天，好人做到底」來理解這個諺語。雞婆幫忙、對他人施以善行，繞了一圈最後會回報到自己身上，在這個意義上正是間接的互惠性。

善有善報的實驗

柯勞斯‧魏德金（Claus Wedekind）和曼弗雷德‧米林斯基（Manfred Milinski），為了檢證間接互惠性對促進、維持合作行為有相當強的作用，設計了一項間接互惠性的賽局。

二名參與者當中，其中一位是提供者，另一位是接受者，提供者擁有一定數量的初始額。提供者需決定是否要從初始額當中預先捐出一定額度給接受者。這筆捐獻額將會加倍給接受者，例如2倍。

一組實驗由數名受試者組成，隨機分配成員擔任提供者或接受者的角色。賽局會反覆進行多次（例如二十回），但不會跟同一個人再次同組，因此無法直接「回報」過去受過的恩情。

間接互惠性賽局的特徵是，參與者過去做的決定是公開的。所有參與者的真實名字是隱藏的，但都有假名，每個人在賽局中的決策與行為記錄，所有人都看得到。也就是說，大家都知道哪個人慷慨捐款，而誰沒有，參與者的名聲因而建立。

實際進行這個賽局，結果有50%～90%的合作率（捐款），在前一回賽局有捐款的人，有非常大的可能會獲得他人的捐款。也就是說，施恩者得到受惠者以外的人善意對待。這正是所謂的善有善報。

在米林斯基等人的實驗，參與者是否有捐款給他人是公開的，並且詢問他們是否捐款給聯合國兒童基金會（實驗後真的捐款），最後舉辦學生會長的假想選舉。捐款額越多的人，收

到越多捐款;而捐款越多的人,選舉的得票數越多,呈現正相關。做好事,建立好名聲,不僅改善經濟條件,也能提升政治條件。

　　知名的演化生物學家理查・亞歷山大(Richard Alexander)這樣說道:「在包含眾多互惠性的複雜社會系統裡,因互惠關係受到群眾愛戴,是取得成功的重要因素。」

在賽局中贏得好評,更有利

　　米林斯基等人接著,更進一步設計了以下實驗。受試者分成十組,每組由六名固定成員組成,每人分配20馬克的初始額。

　　這個實驗的最大特徵是,各組交替進行間接互惠性賽局與公共財賽局,總計二十回。在間接互惠性賽局,捐款人需決定是否捐2.5馬克,而接受人可拿到4馬克。而在公共財賽局,只須決定是否捐款(至少2.5馬克),捐款總額加2倍後,會分配給參與者六人。

　　就進行順序上來說,先進行間接互惠性賽局,然後實行公共財賽局,兩種賽局交替進行十六回之後,最後四回只進行公共財賽局。然後實驗分為二種條件進行,其中五組會預先收到通知,第十七回實驗開始只會進行公共財賽局(已知條件),另外五組則未告知(未知條件)。而更重要的是,在進行間接互惠性賽局時,所有參與者在過去兩種賽局中的行為,也就是有無捐款的歷史紀錄是公開的,成員身分當然是匿名處理。

　　這個實驗的結果顯示,在前十六回所有公共財賽局的合作

率（捐款），都高達 90％以上。而受試者的行為會因對公共財賽局計畫的知情與否，而出現極大的差異。在「已知條件」實驗組，隨著賽局的進行，合作率逐漸降低，到了第二十回減至不到 40％。另一方面，在「未知條件」實驗組，合作率雖然有降低，但降幅不大。此外，在上一回的公共財賽局拒絕合作的人，於下一回間接互惠性賽局，只有 60％的機率能獲得捐款。然而，在公共財賽局願意捐款的人，在間接互惠性賽局沒獲得捐款的機率約 20％。

這個實驗結果的意涵很好理解。如果在公共財賽局未捐款，那個資訊會公開在間接互惠性賽局，如此一來，便拿不到其他人的捐款。

亦即，因為擔心名聲降低會使利得減少，所以選擇合作。從「已知條件組」與「未知條件組」可以明顯觀察到這個現象，兩組的合作行為有顯著的差異。在已知的實驗組，因為再也不用擔心自己的評價，所以合作率明顯降低；但是在未知的實驗組，認為可能再次進行間接互惠性賽局，因此試圖維持好名聲。

由此可知，名聲的建立可有效促進合作行為。不捐款可視為對他人的一種懲罰；在這個情況，不捐款的懲罰無須耗費成本，反而是增加自己的利得，因此效果更強。在前述公共財賽局的懲罰，明明應該祭出懲罰，卻因為須耗費成本而不懲罰，而出現期待他人代為懲罰，這種「懲罰的搭便車」的二次搭便車者問題。而間接互惠性賽局的優點在於，不會產生這類問題。

名聲的建立本身，無法視為利他心或公平的展現；因為大

家將「評價」理解成「關乎增加個人利得」的利己行為。

經濟人與互惠人的相互作用

這裡讓我們把有強互惠動機的人，稱為「互惠人」（homo reciprocans）。在此並不是認為大家若非經濟人則為互惠人，而是思考如果社會上同時存在經濟人和互惠人，會發生什麼事。

就如同公共財賽局所討論的，在實驗可以看到經濟人、互惠人，以及其他種類的人。而且一旦出現懲罰制度，互惠人便能夠讓經濟人選擇合作。

坎麥爾和費爾於他們最近的論文中強調，同時出現這兩種人時，會因為他們的相互作用以及當下的經濟制度，產生過去傳統經濟學模型的前提——大家都是經濟人的假設，完全無法說明的現象。

請思考以下例子。

A 和 B 各自擁有財貨，假設雙方都評價自己的財貨價值為 10，對方的財貨價值為 20。若彼此交換財貨，兩者可獲得的滿足都會變大。

假設目前兩人居住的地方距離遙遠，無法直接交換，只能透過郵寄交換；而且無法簽訂具法律效力、嚴謹的交易契約。這個狀態跟囚徒困境是相同的結構。所以，若兩人都是經濟人，雙方就不會選擇寄送。也就是說，兩人都放棄提高滿意度的機會。如果兩人都是互惠人，只要彼此知道或認為對方也是互惠

人，交換就會成功，雙方的滿意度提升。

接著，假設 B 是互惠人，A 是經濟人，彼此知道對方是什麼樣的人。同時進行囚徒困境的賽局時，B 知道 A 是經濟人，所以不郵寄，而 A 當然也不郵寄，因此交易不成立。經濟人 A 的存在，使得 B 選擇不合作。

然而，交替進行這個囚徒困境時，狀況發生改變。A 知道 B 是互惠人，所以選擇郵寄，在那之後 B 當然選擇郵寄。交換成功，雙方都獲得滿足。A 選擇郵寄是為了私益，在這個情況，互惠人 B 的存在能夠讓經濟人 A 郵寄財貨、選擇合作。

這回假設 A 和 B 都是經濟人，彼此都有理由相信對方是互惠人。接著假設進行十次，跟上面相同的囚徒困境賽局。

倘若 A 相信對方為互惠人的機率 r 大於 0.5，在最後一回賽局選擇合作（郵寄）仍可提高利得。因為：

$$r \times 20 + (1 - r) \times 0 > 10$$

這個時候，$(1 - r) \times 0$ 指的是，對方為經濟人的機率 $(1 - r)$，乘上無法獲得財貨的價值為 0。經濟人 B 除了最終回外，都會選擇郵寄財貨。因為中途停止郵寄，自己是經濟人的事實就會被 A 知道，失去 A 之後合作的可能性，也就是利得成為衡量賺賠的基準。

因此，即便是經濟人，只要單純相信對方是互惠人，就能建立起合作關係。因為相信對方是互惠人，就必須實際有互惠

人的存在，因此僅以經濟人為前提的假設，無法推導出這個結論。

以上的例子，雖然依據制度和組織狀況會有所不同，但這代表著，互惠人的存在會改變經濟人的行為，而經濟人會使互惠人做出經濟人的行為。這是僅以經濟人的存在為前提的傳統經濟學，絕對無法理解的現象。

懲罰的反效果

這樣看下來，懲罰對促進合作效果極佳；但這裡反過來討論，懲罰有時也會抑制合作的情況。

信任賽局（trust game）跟公共財賽局、囚徒困境一樣，是可以探討社會情境下合作關係的實驗。

信任賽局的進行方式是，請參與者 A 決定從初始持有額捐出多少錢，例如決定 1000 元當中要捐多少錢；假設 A 捐出 400 元，實驗者就必須加上 3 倍給參與者 B；參與者 B 拿到 1200 元之後，從中拿出任意金額還給 A。

參與者 A 站在信任 B 的立場，而參與者 B 受到信賴，或者是說，B 站在必須回應那份信賴的立場，因此這個賽局稱為信任賽局。這正好是模擬以下關係的賽局：A 信任 B 所以投資，而 B 將投資成果回饋給 A。

參與者 A 的利得會是：（初始持有額－投資額＋B 回饋額）；而 B 的利得會是：（A 投資額的 3 倍－回饋額）。

有限理性

　　那麼當兩人都是經濟人的時候，這個賽局會發生什麼事應該很明顯。參與者 B 應該一點也不會回饋給 A，把全部的投資成果都占為己有。而 A 也預知 B 會那樣做，所以最初的投資額會是 0。因此兩人不會有任何金錢上的移轉，A 的利得為1000 元，B 為 0，賽局就此結束。

　　然而，在筆者所做的實驗當中，A 平均投資初始額的53％，B 會回饋收受金額的 30％～ 40％給 A。

　　菲爾和貝婷娜・羅肯巴赫（Bettina Rockenbach），實行了一項有懲罰機會的信任賽局實驗，他們發現懲罰可能會抑制合作。

　　他們將信任賽局分成「有懲罰機會」跟「沒有懲罰機會」兩種條件，實驗僅只進行一回。無懲罰機會的信任賽局，跟一般的信任賽局相同；另一方面，在有懲罰機會的賽局，參與者A 投資的同時，也須提出希望 B 回饋多少的要求。再者，當這個要求未獲得滿足時，A 可以做出減少 B 一定數量利得的懲罰，但 A 必須同時對外聲明是否行使懲罰。而無論在哪個條件下，B 可以任意決定要回饋多少給 A。

　　無論在哪個條件下，都會出現「當 A 的投資額越大，B 的回饋額也越大」的互惠行為。只不過，因為這個實驗僅進行一回，無法期待這個行為會在未來帶來利得。單純信任對方，而對方回應那份信賴，可能反映了互惠性。

　　接著有趣的是，因條件不同，參與者的行為也有所不同。一種觀察情境是「參與者 A 的投資額，以及 B 還給 A 的回饋

額最大的時候。A 可以懲罰 B，但聲明不懲罰」；而另一種情況則是「兩者投資金額最小的時候。A 聲明真的會做出懲罰」。

在無懲罰的條件下，投資額跟回饋額分別為其一半的金額。然後在 A 可以懲罰，但選擇不行使的情況，參與者 B 當中沒有人選擇不回饋；但是當被科處罰金時，參與者 B 當中有 33％的人選擇不回饋。

此外，從平均回饋金額來看，後者的是前者的一半以下。參與者 A 和 B 的最終利得排序如下：在可以懲罰但不行使的情況下利得最多，無懲罰條件的情況次之，行使懲罰的情況雙方利得最少。

也就是說，雖然 A 可以行使懲罰，但 A 選擇放棄，AB 兩人因此建立信賴關係；而參與者 B 為回應 A 的信賴而選擇合作；若 A 行使懲罰，將損害雙方的信賴關係。

如前所述，在公共財賽局中，懲罰是促進合作的有效手段，但是在信任賽局卻不是如此。為何會產生這樣的差異呢？在公共財賽局，搭便車者因害怕懲罰會使自己的利得減少，因此選擇合作，而且懲罰搭便車者會被視為合乎道德的利他行為。然而在信任賽局中，懲罰的行使會被視作參與者 A 為增加自己利得，是利己且不公平的行為，因此參與者 B 會選擇不合作；相反的，雖然有懲罰的機會，但是卻不行使，則會被視為寬容且公平的行為，因而引導 B 選擇合作。

懲罰造成低道德感

烏里‧葛尼奇（Uri Gneezy）和奧爾多‧路斯提契尼（Aldo Rustichini），針對懲罰與道德感的關係，進行了一項有趣的實驗。在兒童的日間托育中心，父母必須在約定時間來接小孩，但家長經常有遲到的情況。他們選了幾間以色列的日間托育中心，針對遲到的家長，按遲到的時間收取少額罰金。

按一般的預測，遲到的情況應該會減少。然而實施這個懲罰制度之後，遲到的情況反而是增加的。這個實驗共實行二十週，四週後引進懲罰制度。結果，六週後遲到比例開始增加；七週之後，遲到的情況是沒有罰金時的 2 倍；而且十六週後停止了罰金制度，但是遲到的情況依舊居高不下。

葛尼奇和路斯提契尼說明道，在沒有罰金的情況，家長遲到會有罪惡感，那樣的情感預防遲到的發生；然而引進罰金制度之後，家長可能把罰金當作「用金錢買時間」，認為是一種交易，因此變得對遲到一點也不感到愧疚。

停止收取罰金之後，遲到的情況也並未回到之前水準，其原因在於，家長單純將遲到的價格當作是 0。也就是因制裁制度的引進，原本受社會規範和道德感所限制的行為，被當成是市場的交易。

針對這點，法國詩人保羅‧梵樂希中肯地評論道：「懲罰會削弱道德感，其原因在於，懲罰會讓人覺得贖罪了結了。罪惡是把對懲罰的恐懼，貶為對刑罰的恐懼——也就是允許罪

惡。使罪惡變為可以交易、衡量的東西，變成是可以討價還價的東西。」

在公共財賽局，懲罰的引進提升了合作率，動機純粹是追求私益。也就是說，利得的改變引導出合作，而那背後的邏輯也就是強互惠。

透過對合作回以合作、對背叛回以背叛，能夠引導出合作。此外，在信任賽局時，懲罰反而減少合作的現象，同樣也是源自互惠性。可以懲罰但選擇不行使，是善意的行為，對此回以善意；面對懲罰的威脅時，則將之視為惡意，以惡意回之。

參與者 A 的要求被視為利己的行為，因此遭到懲罰。另外，日間托育中心的遲到罰金，造成遲到增加的原因在於，懲罰制度使社會規範變成市場交易。在這個情況是個人內在的問題，所以跟互惠性無關。

由此可知懲罰這個誘因擁有多種效果，如果只以大家都是經濟人的前提，絕對無法推導出這樣的結論。

最後通牒賽局的啟示

於第 47 頁介紹的最後通牒賽局雖然是個簡單的賽局實驗，但是對人們的社會偏好提供了許多啟示。

簡單來說，這個賽局是由二位參與者（提案者與回應者）組成；提案者提案，從初始金額（例如 1000 元）當中，分配任意金額（例如 300 元）給回應者；接著回應者須決定，是要

接受還是拒絕那個提案。

　　若回應者接受，就按照提案分配，提案者的利得為 700 元，回應者為 300 元，賽局結束。當回應者拒絕提案時，則雙方利得為 0，賽局結束。

　　假如雙方皆是經濟人，回應者會因為有總比沒有好，即便提案是 1 元也會接受；而提案者料想到這個情況，便提案 1 元。因此提案者的利得應該會是 999 元，而回應者為 1 元。

　　這個賽局實驗簡單、容易進行，因此實際上有各種不同條件的實驗為大家所實行。而眾多實驗結果的共同點在於，提案者的平均提案金額為 45％上下（筆者以學生為對象的實驗結果為 48％），眾數[3] 為 50％。此外，提案金額低於 30％的提案當中，有半數的回應者選擇拒絕（筆者的實驗也有相同結果）。再者，也有人是以三個月的月薪作為初始持有額進行實驗，但結果沒有太大的差異。

　　伊麗莎白・希爾（Elisabeth Hill）和大衛・沙利（David Sally）以自閉症患者為對象所進行的最後通牒賽局，可以說是唯一的例外。扮演提案者角色的自閉症患者當中，有三分之一提案 0 元；自閉症患者的特徵是無法解讀他人的心，因此大多無法預測回應者是否會拒絕。而諷刺的是，這是最合乎經濟人行為預測的例子。

3　眾數，出現最多次的數值。

提案者與回應者背後的動機

在最後通牒賽局的實驗，提案者與回應者行為的背後有著什麼樣的動機呢？提案者的其中一個行為動機，就是對公平的偏好；有近半的提案都符合公平的邏輯，因此可以說是追求公平的行為。

然而，以「利得極大化」也可以說明提案者的行為。亦即，只要回應者不拒絕，提案者就提案預測最低額，用賽局理論的話來說，提案者的行為是最佳反應（best response），是極為理性的行為。

艾文・羅斯（Alvin Roth）等人，從學生受試者拒絕提案的行為推算出回應者對提案額的期待值（期望獲得多少金額），由此推算出不會遭到拒絕的最低提案額。例如，1000 元當中分 300 元的提案，有 25％ 遭受拒絕時，從這個提案可得的利得期望值就是 700×0.25 ＝ 175 元。而他們發現，實際的提案行為也幾乎都符合期望報酬的極大化。

另一方面，該怎麼來看回應者的行為呢？回應者拒絕大家認為不公平的提案，可以看做是花費成本、懲罰不公平提案者的行為。

回應者這樣的態度，可能並非經濟學上的追求私益，但因為沒有其他獲益者，所以也不能說是利他懲罰。然而，將回應者對提案者不公平提案的憤怒，或是對只有提案者拿到較多利得的嫉妒，把這類情感考量進去的話，可以說是理性的行為。

肖爾特（Erte Xiao）和丹尼爾·豪澤（Daniel Houser）以回應者有機會向提案者表達情緒為條件，進行最後通牒賽局的實驗，並與沒有表達機會的情況做比較。

回應者在收到提案後，不只是選擇拒絕或接受，還可以用文字向提案者表達情緒。這個實驗的結果顯示，有表達情緒機會的情況，其拒絕不公平提案的比例會低於沒有表達機會的情況。

也就是說，拒絕提案是一種表現情緒的方式，而文字取代了部分的拒絕。換言之，說出不滿的情緒，多少降低了對不公平的憤怒，因而減少拒絕提案的情況。這證明了回應者的部分態度是由情緒所決定的。

日常生活中應該也經常有這樣的經驗，經濟利得明明不會增加，但是直接向對方抗議、表達不滿後便獲得了滿足。

最後通牒賽局與意圖

目前已知最後通牒賽局也跟信任賽局一樣，提案者的意圖會對回應者的拒絕行為帶來極為重要的影響。法爾克等人進行了一個回應者可知提案者意圖的「迷你版最後通牒賽局」。

提案者針對自己與回應者，提出對自己有利的（8, 2）分配案，或是公平的（5, 5）分配案。提案者的選擇只有這兩個選項。若回應者接受就執行提案，若拒絕則兩者利得為 0，跟一般的情況相同。

除此之外，法爾克等人也設計了（8, 2）和（2, 8）兩個偏頗的分配、（8, 2）和（8, 2）沒有選擇餘地的分配，以及（8, 2）和（10, 0）對提案者極度有利的分配，調查回應者針對這四種提案的行為。

由於（8, 2）的分配會出現在所有賽局中，因此賽局名稱就取自與其成對的分配。例如，從（8, 2）和（2, 8）兩個分配當中做選擇的賽局，就稱為（2, 8）賽局；從（8, 2）和（5, 5）當中做選擇的賽局，就稱為（5, 5）賽局。

這個賽局的特徵在於，（8, 2）這個對提案者有利的分配所代表的意義，會因為成對分配的內容而有極大的差異。在（5, 5）賽局，（8, 2）應該帶有不公平的意味；在（2, 8）賽局，（8, 2）提案會被視為提案者無可奈何的選擇；在（8, 2）賽局，雖然分配不公平，但也沒有其他選擇的餘地；在（10, 0）賽局，（8, 2）雖然不公平，但是比另一個選項好。

實驗結果顯示，（8, 2）提案遭到拒絕的機率，在（5, 5）賽局為44%，（2, 8）賽局為27%，（8, 2）賽局為18%，（10, 0）賽局為9%。這可以說，實驗結果直接反映了各賽局中（8, 2）所代表的意思。

此外，（8, 2）提案的比例、提案當下（8, 2）的期望值，以及另一個分配的期望值，都跟上述機率差不多。（請見下頁）

提案者有很高的比例猜對了別人的心，提出了被拒絕的可能性較低，而且期望報酬較高的提案。

（5, 5）　賽局：31%,　4.44,　5.00

（2, 8）　賽局：73%,　5.87,　1.96

（10, 0）賽局：100%,　7.29,　1.11

　　這個實驗顯示，回應者不僅會對（8, 2）這個分配的結果，也會對提案者明明有其他選項，卻提案（8, 2）所展現出的提案者意圖做出反應。但不只是意圖，在沒有其他選擇的（8, 2）賽局，也有 18% 的拒絕率，由此可知回應者也重視結果。結果的公平與意圖的公平，兩者決定了回應者態度的動機。

　　同樣顯示出意圖為重要因素的例子，還有莎莉‧布朗特（Sally Blount）所做的實驗。實驗發現，跟人類提案的情況相比，很少有回應者會拒絕電腦所提出的低額提案（回應者知情）。這可能是因為，回應者感覺不到電腦提案的意圖，因此較少人拒絕吧。

經濟人與互惠人的競爭

　　接著讓我們利用最後通牒賽局來思考一下，互惠人和經濟人的相互作用對競爭帶來的影響。這個例子也是由柯林‧坎麥爾和恩斯特‧菲爾所提出。

　　假設在這個最終通牒賽局的參與者，是某個財貨的賣家與買家，買家向賣家提案價格 p。為簡化，買家將那個財貨的價

值視為 100，而賣家視為 0。買方僅向賣家提案一次。

只有在賣家接受價格 p 時，交易才成立。假如賣家是經濟人，即便 p＝1 應該也會接受；假如買家也是經濟人，交易就會成立。如前面所討論的，實驗中幾乎看不到這樣的結果。

所以，實驗中加入一點競爭的成分在賣家那方，假設財貨賣家有二位。買家再次提案價格，但這次只要賣家其中一人接受，交易就成立；若二位賣家都拒絕，則交易不成立。在這樣的條件下，幾乎所有的實驗結果顯示，無論是買家的提案價格，還是賣家接受提案、交易成立的價格都偏低。

依據費斯巴赫等人的實驗，價值 100 的財貨，在賣家為一人時，接受價格為 40 ～ 50；但是當賣家變成二人時，價格暴跌至 10 ～ 25；當賣家變成五人時，更是跌至 5 ～ 10。

究竟為什麼會產生這樣的現象呢？

這個現象無法用人們追求公平的理由來說明，在僅有互惠人的情況也無法說明，依然必須在互惠人與經濟人同時存在的前提下，才有辦法說明。

如前面所說明的，互惠人會依據不公平的結果和意圖做出懲罰。但是，當經濟人和互惠人同時存在的情況下若出現競爭，這個懲罰的行為恐怕沒有意義。

理性的互惠人知道，賣家當中有經濟人，無論價格是多少都會接受的機會並非為 0。而且，他們也知道當賣家人數增加，低價提案被接受的可能性就越高。如果互惠性賣家的競爭對手為經濟人，願意接受低價提案的話，互惠性賣家就會失去拒絕

買家不公平提案、懲罰對方的機會。因此拒絕變得沒有意義，互惠性賣家因而願意接受價格較低的提案。

也就是說，經濟人的存在，使得互惠人的行為變成如經濟人一般。

文化導致不同的行為特質

以往的最後通牒賽局實驗，受試者都是已開發國家的學生居多。在那樣的情況，如上述得到的典型實驗結果，在不同國家之間幾乎沒有差異。

那麼不同的族群、文化，或是不同的社會，人們的社會偏好會有所不同嗎？

人類學家約瑟·漢利赫（Joseph Henrich）、演化生物學家羅伯特·包艾德（Robert Boyd），以及坎麥爾、菲爾等行為經濟學家，共十七人的研究團隊實施了大規模的民族誌調查研究，針對各地區不同文化族群，進行最後通牒賽局實驗。

他們的調查橫跨四大洲、十二個國家，針對十五個的小型社會實施調查，其生活方式有狩獵採集、輪耕農業、游牧、家庭小農等型態。具體來說分為幾個大方向的觀察聚落，以輪耕農業為主的族群，祕魯的馬奇根加人（Machiguenga）、阿丘雅人（Achuar）、克丘亞人（Quechua），玻利維亞的奇美內人（Tsimane），巴拉圭的亞齊人（Aché）；屬於狩獵採集者，坦尚尼亞的哈札人（Hadza），巴布亞紐幾內亞的奧人（Au）

和格瑙人（Gnau），印尼的拉瑪萊拉人（Lamalera）；屬於遊牧民族，蒙古的土爾扈特人（Torghut）和哈薩克人（Kazakh）等。

有趣的是，無論是提案額，或是接受、拒絕的情況，都跟「以已開發國家的學生為受試者」的實驗結果大相逕庭。

各團體提案額的平均值變化大，落在 25% ～ 57% 之間，拒絕提案的情況更是差異甚大。奧人和格瑙人經常拒絕 50% 以上「超公平」的提案。而有四個團體，無論是什麼樣的提案都不會遭到拒絕。在那四個團體當中，阿丘雅人的平均提案額為 50%，當然不會遭到拒絕；奇美內人和克丘亞人的提案額約半數為 30% 以下，但提案全部為接受。

前面提到的提案者和回應者的行為，在某種程度上都是理性的；但是在少數族群中，卻出現無法用前述理論來說明的情況。在上述四個團體的例子，因為沒有拒絕的情況，因此無法確切算出「不會遭到拒絕的最低額」。此外，格瑙人和奧人的例子出現了公平提案遭到拒絕的現象；而拉瑪萊拉人平均提案額超過 57%，為偏離利得極大化的行為。

在這種少數族群的實驗，無論是提案還是拒絕，都跟已開發國家有非常大的差異；漢利赫等人進一步地探討，這些團體的經濟社會環境與提案額之間的關聯性。調查結果發現，非以家庭為生產的基本單位，與家人以外的人合作程度越高，最後通牒賽局的提案額就越大；也就是說，社會合作關係越重要的團體，提案額也就越大。

　　此外也證明了，市場買賣在日常生活中越是盛行，提案額就越大。就這個意義上，顯示出經濟社會越發達、市場買賣根植日常生活的團體，提案額越高，態度越公平且願意合作。

　　只不過，這個關聯性代表何種因果關係仍不明確。也就是說，我們無法斷定，究竟是從生活中的合作行為和市場交易的經驗學習到合作的態度，使得最後通牒賽局提案額高；還是這些團體的人本來就有合作傾向，一方面讓合作體制運作順暢，另一方面使市場交易活躍，導致最後通牒賽局的提案額高。

　　此外，日常生活中分配禮物和收穫物的風俗習慣，也可能會對提案與拒絕的行為帶來極大的影響。例如，奧人和格瑙人的提案額經常在 50％以上，但多數會遭到拒絕。

　　在他們的社會，有藉由贈與提升自己地位的風俗習慣；而且接受禮物，代表擔負了未來一定要回禮的強烈義務，一旦有未回贈的負債，接受禮物那一方的地位就會降低。

　　此外，在最後通牒賽局，拉瑪萊拉人的平均提案額高達57％。拉瑪萊拉人的主要生計來源是捕鯨，捕獲到的鯨魚會先分給實際參與捕鯨人和造船人，而且跟捕鯨沒有直接關係的人也可獲得分配，風俗習慣相當慷慨。

　　像這種日常生活的習慣和規範的差異，亦即文化差異，在最後通牒賽局展現出行為的多樣性。但藉由這個大規模的實驗證明了一件事，那就是沒有任何一個團體的行為符合經濟人假說。此外，年齡、性別差異、個人的財富等個人屬性，與提案及拒絕行動之間完全找不出關聯性。

學了經濟學，就會變自私？

　　最後介紹一項讓人震驚的報告「學了經濟學就會變自私」。這個現象最初是由傑羅德‧瑪威爾（Gerald Marwell）和路思‧艾姆斯（Ruth Ames）發現，後來由羅伯特‧法蘭克再次證實。

　　首先，瑪威爾和艾姆斯的實驗對象分別是以經濟學專業的學生，以及其他專業的學生。接著請他們進行公共財賽局實驗。結果讓人驚訝的是，經濟學專業的學生平均貢獻率只有初始額的 20％；而其他專業的學生則有 49％，差異相當大。

　　法蘭克等人受到瑪威爾等人實驗的啟發，針對「學了經濟學就會變自私嗎？」的問題，從各種不同的觀點做深入的探討。

　　首先，他們先針對慈善等捐款行為進行問卷調查，調查對象為各種領域的大學老師，共 1245 人。結果一年當中完全沒捐款者的比例，以經濟學家的 9.3％ 最高，技職教師（音樂、教育、經營管理）的 1.1％ 最低，其他領域的老師為 2.9％ ～ 4.2％ 之間，經濟學家明顯冷漠。然而在志願服務和總統選舉投票的議題上，卻看不出差異。

　　接著，法蘭克等人以經濟學專業的學生，以及其他專業的學生為對象，進行囚徒困境實驗。

　　結果選擇「背叛」的比例，經濟學專業的學生為 60.4％，其他專業的學生為 38.8％。其他專業的學生在課堂上也都學過囚徒困境，實驗時也會進行說明，因此做出的選擇應該不是未理解或誤解。

這些經濟學背景的受試者令人感到憂心的例子還沒結束，他們接著請受試者回答以下假想的問題。

問題 1

某間小公司的老闆購買了 10 台電腦，貨到之後發現帳單只列了 9 台。

①：你覺得這位老闆會向電腦公司指出錯誤，付 10 台電腦的錢嗎？

②：如果你是那位老闆，你會付 10 台電腦的錢嗎？

問題 2

裝有 100 美元的信封遺失了，信封上寫有物主的地址和姓名。

①：如果是你遺失的話，你覺得會有人撿到還給你嗎？

②：反過來，如果是你撿到，你會歸還嗎？

回答者分為三組。首先是選修個體經濟學 A 的學生，授課老師的專長是傳統經濟學，尤其是賽局理論、產業組織理論領域，在課堂上強調在囚徒困境選擇背叛較有利，以及合作的困難性；然後是選修個體經濟學 B 的學生，老師的專長是中國的經濟發展，並不強調囚徒困境的賽局理論；最後是天文學專業的學生，作為比較對象。

結果在各問題選擇「不正直」回答的人，其比例如下圖所示（單位：%）。

	1①	1②	2①	2②
個體經濟學 A	45.8	41.7	43.8	29.2
個體經濟學 B	33.9	34.8	38.3	25.2
天文學	33.3	23.3	40.0	10.0

學了經濟學就會變自私嗎？或者是相反，也有可能是個性自私的人選擇經濟作為專業。

法蘭克等人針對不同學年，對囚徒困境中選擇背叛的人有何影響進行調查。

結果背叛者的比例，非經濟學專業的大一大二生為 53.7%，大三大四生為 40.2%。隨著年齡的增長，選擇合作的人增加是普遍現象，因此調查結果符合一般理論。另一方面，經濟學專業的大一大二生則為 73.7%，大三大四生為 70.0%，即便年齡增長，選擇合作的人的比例也並未增加。這似乎可以說，學了經濟學就變自私了。

然而，對經濟學家而言有個好消息，那就是法蘭克等人的結論並非完全受到支持。例如，布魯諾‧費萊（Bruno Frey）和史蒂芬‧邁耶（Stephan Meier）的實驗結果便否定了這個結論。

第 9 章

理智與情感的二重奏
情緒、大腦，與演化的正面意義

過去我們的文化認為思考和情緒是切割開來的、
幾乎毫無關係的兩個世界，長期以來誤導著我們。
實際上，思考與情感經常是彼此緊密相連的。
——人工智慧先驅馬文・明斯基（Marvin Minsky）
《心智社會》（*The Society of Mind*）

當情感支配人類時，理性一點也沒有插手的餘地。
——心理學家丹尼爾・高曼（Daniel Goleman）
《EQ》（*Emotional Intelligence*）

内心有理智不知道的理由。

——哲學家布萊茲·帕斯卡（Blaise Pascal）

《思想錄》（Pensées）

如本書前面所討論的，理性推論和冷靜計畫所做出的決定，未必是最好的。

這個事實可能會讓人感到意外，近來心理學和神經科學的發展逐漸證明，情感是做出更佳決策時的重要因素。行為經濟學最前端的研究主題，也是以情感的正面意義為中心進行探討。

本章首先討論人類情感所具備的正面意涵；然後介紹「神經經濟學」（neuroeconomics），運用神經科學的方法，探求理性與情感相互作用的新研究領域；最後探討演化的力量如何塑造，如第 8 章討論到的合作行為背後的情感基礎。

一、情感的作用

我們從小到大都被教導「不要感情用事」、「要冷靜判斷」、「不要為情所困」，而且要舉出情感是妨礙理性判斷和決定的例子，輕而易舉；也許正因為如此，我們從未思考過如果沒有

情感反而無法做出理性決定的可能性。曾學過經濟學的人，應該從未在教科書或課堂上看過「情感」兩個字吧。

我調查了手頭二十幾本傳統經濟學的教科書，沒有一本書的索引有「情感」這個項目；唯一的例外是羅伯特・法蘭克撰寫的教科書《個體經濟學與行為》（*Microeconomics and Behavior*）。如後面所討論的，法蘭克是將情感的重要性帶進經濟學世界的先驅者之一，因此完全是例外。總而言之，經濟學認為人類的情感是不必要的東西。但正確來說，偏好是喜好，所以是由情感所決定的。也就是說，即便是傳統經濟學也有情感的要素；只不過傳統經濟學假設，人們的偏好穩定、有一致性，因此基本上情感不會發揮作用。

經濟人不受情感的影響，凡事精打細算；經濟人重視大市場機制，跟小情小愛扯不上邊；經濟人喜歡賺大錢的事物，但似乎對觸動心弦的事物沒有興趣。

心理學和決策理論一直以來，也是比較重視屬於系統二（請參見第3章）的認知和深思熟慮的思考，屬於系統一的情感和情緒等作用完全遭到忽視，或是只被視為擾亂理性決策的因素。

但近幾年來，心理學家羅伯特・札瓊克（Robert Zajonc）等人的研究帶來契機，情感對判斷和決策時的重要性逐漸獲得評價。此外，安東尼歐・達馬吉歐（Antonio Damasio）和約瑟・魯多（Joseph LeDoux）等神經科學家也逐漸闡明情感具備的正面作用，亦即若沒有情感，就無法做出適當的判斷或決定。賀

伯·賽門在很早之前就注意到這點，他曾說道：「想掌握人類理性的完整理論，就必須理解情感所扮演的角色。」

心理學家喬納森·海特（Jonathan Haidt）的專長為道德的情感研究，他主張情感就像是狗，是主角，而理性可以說只不過是狗的尾巴；亦即「狗面向西邊，尾巴自然朝東」，狗代表情感，是主導角色，而尾巴代表理性，是跟隨著情感之後的東西。

在《星際爭霸戰》（Star Trek）的登場人物，星艦企業號的副艦長半瓦肯星人史巴克（Spock）以及人形機器人的百科少校（Data），他們都沒有情感，完全是依據理性和理性計算採取行動的主體。我們有辦法做到那樣嗎？

作為捷思的情感

如第 3 章所討論的，人類在判斷和決策時，大多仰賴捷思進行。而具代表性的捷思有：可得性捷思、代表性捷思、錨定與調整等。

這邊讓我們來看看情感的捷思作用。保羅·斯洛維克等人藉由一連串的研究主張，在包含機率判斷等眾多的判斷和決策中，情感發揮了捷思的作用。

當人類面對選擇問題時，會先以直覺，如「好」或「壞」、「愉悅」或「不愉悅」等情緒理解選項，以此作為準則；或是藉此有意識地限縮選項的範圍，從中做出最後的判斷。

札瓊克表示，所有的知覺多少都伴隨著情緒，他說：「我們看到的，不是只有房子，而是看到漂亮的房子、醜陋的房子、

氣派的房子。」再者，札瓊克主張，我們以為自己是——適當地考量各種選項的所有優缺點，用理性的方法深思熟慮後做出判斷。但這樣的情況極為罕見；實際上，「我決定選擇 X」跟「我喜歡 X」所講的東西是一樣的，買了喜歡的車、做喜歡的工作、買吸引人的房子之後，我們會用各種理由正當化選擇。如第 6 章所談到的，「依據理由選擇」的背後，可能有情感因素在裡頭。

　　情感屬於系統一，會迅速且自然地發生。相比起仔細地調查選項、從各種觀點衡量優缺點，「人們對目標物的情緒印象」相對可以快速且有效率地獲得。尤其是面對複雜的問題，在沒有充分時間和認知資源的情況，更是如此，因此情感會發揮捷思的作用。

　　判斷與決策是由系統一的情感和直覺、以及系統二的思考分析共同協調進行，亦即梅麗莎・菲奈肯（Melissa Finucane）等人所說的「情感與理智的雙人舞」。但是在某些情況，情緒會占上風。

　　接著讓我們來看看，情感發揮捷思作用的例子。

　　有關核能、藥物、機械類之類的東西，風險與效益大多呈正相關。也就是說，效益高的東西，風險也高；相反的，效益低的東西，風險就低。

　　然而，人們卻傾向認為風險與效益為負相關。也就是認為，效益高，風險就低；效益低，風險就高。

　　斯洛維克等人發現，針對使用農藥這類藥物，推測此活動可帶來的效益與風險兩者之間的關係，是跟正面、負面的情感

強度連結在一起的。也就是說，判斷某項活動或技術的風險與效益，不僅是依據我們對此有何想法，同時也決定於我們有何感受。

人們有這樣的傾向：若喜歡那個活動，對此產生正面的情緒時，就會覺得那個活動伴隨的風險低，而且效益高；相反的，若討厭那個活動，對此產生負面的情緒時，就會覺得那個活動伴隨的風險高，而且效益低。換言之，當我們獲得效益高（低）的資訊時，就會推測其風險低（高）。

斯洛維克等人證實，一般民眾針對核能議題出現上述的判斷。即便是英國毒物學會的專家也認為，毒物的風險與效益之間有上述的關係。

此外，菲奈肯和斯洛維克等人，針對「人們在有限時間內，面對時間壓力時的判斷方式」進行調查。他們縮短回答時間，請受試者回答上述相同的問題。結果跟他們預想的一樣，效益與風險的負相關變得更加明顯；也就是說，因為沒時間思考，情感便占上風，據此進行判斷。

巴巴‧希夫（Baba Shiv）和亞歷山大‧菲多林勤（Alexander Fedorikhin）針對選擇的情感與思考的影響，進行了一項讓人印象深刻的實驗。他們請受試學生記憶 2 位或 7 位數字，然後安排受試者移動到不同的房間，報出背誦的數字。他們在移動途中的走廊，安排了擺放巧克力蛋糕和水果沙拉的推車，請受試者選一個自己喜歡的食物。有趣的是，記得 2 位數字的學生大多選擇沙拉，記得 7 位數字的學生大多選擇巧克力蛋糕。在

問卷上，兩邊的受試者都認為沙拉比蛋糕健康。也就是說，執行記憶 7 位數字、認知負荷較大的作業時，情感可能因此占上風，所以選擇了比較美味的蛋糕；而記憶 2 位數字的情況，可能還剩下許多認知資源，因此思考後選擇了沙拉。

作為承諾的情感

經濟學家羅伯特・法蘭克指出，有時交給情感做決定，可以得到比理性思考更好的結果，提出了承諾問題的架構。

所謂的承諾，用辭典的方式來說，就是全心全意地投入、積極參與的意思。於經濟學使用這個詞彙時，意思更為強烈，指的是放棄一個或多個選項，或是表達打算那樣做的訊息，藉此改變自己或他人的動機和期待，進而影響行為。也就是藉由放棄好幾個選項，企圖影響未來的自己或是他人的行為。

可以藉由承諾解決的問題，稱為承諾的問題（commitment problem）。舉例來說，想戒菸的時候，就向朋友或家人做出戒菸宣言，丟掉菸灰缸，然後許下承諾，若戒菸失敗就請朋友吃大餐；如果想減肥，戒掉吃零食的習慣，就去買件小一號的名牌洋裝，掛在房間裡天天看，想像著自己穿著那件洋裝參加派對，成為大家焦點的樣子；不擅長儲蓄的人，就以發薪日自動轉帳的方式，強制自己定期存款，若中途解約就包紅包給親朋好友，也是以承諾改變自己的行為。

承諾會約束自己未來的行為，因此是第 7 章提及的一種跨期選擇；對自己意志力薄弱有自覺的人，也可以用自我約束的

方式，預防自己偏好逆轉。在這些例子中，自我約束的行為就是承諾。

在荷馬描寫特洛伊戰爭的敘事史詩《奧德賽》（*Odyssey*）其中一個篇章，主角奧德賽為了避免自己的船隻，受到女妖賽蓮的歌聲迷惑而觸礁沉沒，命令手下用蠟封住耳朵，隔絕賽蓮的歌聲，並請船員將自己緊綁在桅杆上，讓自己聽得到賽蓮的歌聲，但無法掌舵。這個故事是喬恩‧埃爾斯特（Jon Elster）等人討論承諾時經常使用的範例。

湯瑪士‧謝林舉了一個進退兩難的綁架犯突然改變心意的例子。

綁架犯臨陣退縮，想釋放人質，但又擔心人質報案提告，因此無法輕易放走人質。人質答應不會通報警察，但也只是口頭承諾，綁架犯可能因此走投無路選擇殺掉人質。這個時候，人質該怎麼辦才好呢？

謝林提出的策略乍看之下相當奇特，那個策略就是，把自己不可告人的祕密告訴綁架犯。不然就是在綁架犯面前做難以啟齒的事情，然後讓對方拍照留下把柄。如此一來，如果人質報警而導致綁架犯被逮捕，自己的祕密或羞辱之事就會被公諸於世，因此提高了「不報警」約定的可信度。

法蘭克主張，在承諾問題當中，理性計算的解決方案絕對行不通，情感才有辦法順利解決。據法蘭克所言，在下述的承諾問題，情感將是有效的解決方法。

你擁有一個價值 2 萬元的包包，而你的朋友非常想要得到

它。如果你的朋友偷了你的包包，你必須決定是否提告；若提告就必須負擔律師費用，並工作請假一天，需花費 2 萬元以上的成本；成本比包包的價格高，因此提告對你而言，不符合經濟效益。

所以，若朋友知道你這個人只追求經濟效益，對方很有可能會偷走你的包包，因為用提告嚇阻對方不要偷竊是沒有效的。但假設你的行為目標，不只是追求經濟上的效益，是傳統經濟學所說的不理性人類。也就是說，假設你對朋友偷走包包會感到憤怒，即便犧牲點經濟成本也要提告；若朋友知道你是那種情緒化的人類，應該就不會對你的包包出手吧。在這種情況，不只是理性地追求金錢上的利益，讓自己隨著憤怒之類的情緒而行動，反而可以帶來較好的結果。

再舉其他例子看看，假設你和朋友一起經營餐廳。你的朋友是料理專家，卻是經營管理的外行人；相反的，你擅長經營管理，但連一碗泡麵都煮不好。兩人好好合作，應該可以把餐廳經營得有聲有色，然而兩人也同時具備欺騙對方的誘因，你能夠記假帳、吞公款，朋友則可以與購買食材的業者勾結、拿回扣。只要有一方做出欺騙的行為，那個人就可以獲得較大的利益，另一方的利益便受到損失；兩者都背叛對方會是最糟糕的情況，而相反的，若兩者皆以誠相待，兩人都能獲得最大利益。

這個例子就是前面談到的囚徒困境。在這種共同經營的例子，若徹底追求私利，則兩人都有背叛對方的誘因；反過來看，

若彼此能做出強而有力的承諾,可以為雙方帶來最好的結果。

那該怎麼做呢?當然是平時就塑造自己絕不原諒背叛者的形象,讓彼此有這種強烈的印象。展現出「若遭到背叛,即便多少需要付出代價,也會不擇手段追究到底」的態度,便可以防止對方背叛。比起理性行為,這也是訴諸情感的不理性行為,反而可以帶來好結果的例子。

此外法蘭克表示,在維持長久婚姻關係的承諾問題中,愛情是有效的解決方案。

藉由理性計算,用契約或規範來選擇配偶、維繫婚姻、養育孩子這類長期關係,是極為困難的。在這種情況用愛情做決定,會比理性決策得到更有利的結局,此時愛情作為承諾發揮了作用。

性情大變的費尼斯‧蓋吉

1848 年 9 月 13 日下午 4 點半,美國的佛蒙特州發生了一起悲劇。優秀的鐵路工頭費尼斯‧蓋吉(Phineas Gage)遭遇意外,改變了他往後的人生。

蓋吉的工作是在鋪設鐵路的工地,爆破並清除岩石。他非常能幹,而且受到上司信賴。發生意外的那一天,他如往常一樣準備爆破的作業。爆破的作業順序是,先在岩石上挖洞,填入火藥,插入導火線,然後填入沙子後,再用鐵棒輕輕敲打讓沙子填滿坑洞。蓋吉如往常一樣,把火藥和導火線填入坑洞後,命令助手填入沙子;在那個時候,突然有人從背後跟蓋吉說話;

結果他一時注意力分散，助手在沙子填滿坑洞前，直接用鐵棒敲打火藥。就在那瞬間，長 190 公分、重 6.2 公斤的尖銳鐵棒發出尖銳的聲音往蓋吉飛了過去；鐵棒穿破蓋吉的左臉頰，貫穿大腦前端，飛到三十公尺外的地方。

蓋吉並沒有當場死亡，甚至還有意識，可以跟圍觀者說明自己受傷的情形。他被送到醫院接受治療，與傷口感染對抗，不到兩個月就出院，復原快速。故事到這裡就結束的話，與其說是悲劇，不如是奇蹟般的幸運生還記，但蓋吉真正的悲劇自此揭開序幕。

蓋吉整個人都變了，過去是穩重、有活力、性情穩定的幹練技師，而現在變成魯莽、為所欲為、三心二意、優柔寡斷的人。他雖然左眼失明，但右眼毫髮無傷，因此能夠行走，雙手靈活，對話和語言能力也沒問題；一切檢查顯示蓋吉的身體狀況並沒有異常，完全是性格上出了問題。在那之後，蓋吉理所當然沒有正當的工作，漂泊各地勉強度日，並在意外發生十三年後過世了。

決策失能的伊里亞特

美國神經科學家暨神經科醫師安東尼歐・達馬吉歐的著作《笛卡兒的錯誤》（*Descartes Error*）中，詳細描述了好幾位他曾經診察治療的患者，他們幾乎可以說是現代蓋吉。

其中一位名叫伊里亞特（Elliot）的患者在貿易公司工作，能力出色優秀、而且是同事的榜樣，無論是人品還是社會地位，

都是個相當成功的人物。但是腦瘤改變了他的一生。透過外科手術切除了腫瘤，但手術同時也切除了一部分因腫瘤壓迫而受損的大腦額葉組織。

手術成功，並未傷害到伊里亞特的運動、語言，或智力。他的智商仍維持高水平，邏輯、注意力，記憶力沒有任何問題，學習、語言、計算能力也完全正常。也就是說，智能方面一點問題也沒有，他也通過了性格測驗。

然而伊里亞特卻無法回到工作崗位，問題在於他無法做決定。工作上必須做的各種決定，他完全無法自己判斷，若沒有他人的指示，就連早上起床、準備出門工作也做不到。伊里亞特雖然具備正常的智力和性格，卻完全無法做出適當的判斷。

而且讓達馬吉歐感到驚訝的是，伊里亞特變得「沒有情緒」。他沒有情緒表現，他並未壓抑情感，也沒有刻意不讓情緒顯露於外。他看起來對發生在自己身上的悲劇，一點也不感到悲傷、痛苦，就如同達馬吉歐與伊里亞特聊過後的感覺，「我發現，我比看似痛苦的伊里亞特還要痛苦」，伊里亞特變得如此沒有情緒。伊里亞特沒有悲傷，也不會煩躁，總是很平穩，而且讓人吃驚的是，他知道自己的情緒跟生病前變得不一樣了。

從這裡達馬吉歐開始了他的推測，提出「情緒和情感的衰退，在伊里亞特無法做決定的問題中，扮演著重要一角」的可能性。

軀體標記假說：身體對情感的反應

達馬吉歐提出了「軀體標記假說」（somatic marker hypothesis），此假說重視情緒所扮演的角色。「soma」在希臘文裡代表「身體」或「肉體」的意思，是具有內臟感覺、身體感覺意涵的詞彙。

所謂的軀體標記假說，粗略來說就是某種「身體感覺」，在推論或決策時扮演了重要的角色。做選擇時，在正確計算出選項的損益之前，身體會先做出反應。

一旦跟特定的反應選項相連結，使腦袋浮現出不好的結果，只要有一點點徵兆，就會出現不愉悅的「直覺」。那樣的情緒跟身體有關，因此我用一個專有名詞為這樣的現象命名——「軀體狀態」。⋯⋯而那樣的情緒會在某一種印象貼上標籤，因此將之稱為「標記」。

達馬吉歐表示，當某個事件、物品、場所等事物帶來負面的情緒，或是反過來帶來正面的情緒，事件與情緒就會一起被記住，也就是被標記；之後再次體驗相同的事件時，就會讓人隱約感覺到愉悅或不愉悅。

他接著說，由於軀體標記的作用，讓我們可以馬上從眾多的選項進行篩選，再從刪減後的少數選項中，透過理性思考選出最終選項。

愛荷華賭局作業

達馬吉歐為了檢證軀體標記假說，實行一項模擬賭博的實驗。此實驗是達馬吉歐在當時隸屬的愛荷華大學（現任教於美國南加州大學）設計的，因此這個實驗又稱為愛荷華賭局作業（Iowa gambling task）。讓我們簡單來看看這個實驗的內容。

在實驗參與者的面前，放有 ABCD 四副牌。實驗分別發給玩家 2000 美元的假錢，並告訴他們最大的目的，是盡可能贏得大筆的錢。玩家每翻一次牌，都可以獲得一定的金額，但牌中也混有好幾張罰金卡，翻到的人必須反過來支付罰金。這個規則已事先告知受試者。

ABCD 四副牌當中，A 和 B 是「風險牌」，每張卡的利得是 100 美元，但有較多的罰金卡混在裡面，AB 的最終期待值皆為 –25 美元。另一方面，C 和 D 則是「安全牌」，每張卡的利得較少，是 50 美元，但罰金也較低，最終期待值為 25 美元。受試者並不知道這樣的利得結構，同時他們也不知道翻了一百張卡之後，賭局就會結束。

這個賭局實際進行的結果如下。

一般人會先把全部的牌翻過一次，確認利得。剛開始會選擇可以獲得高利得的 AB 牌，然後學習到這兩副牌的罰金也比較高，逐漸往 CD 牌靠攏，維持那樣的策略。一般人即便無法正確計算得失，也能藉由軀體標記的作用，直覺地領悟到比起 AB 牌，CD 牌長期獲利較高。

相對於此，額葉受損患者的行為和一般人完全相反。剛開始他們也會確認每一副牌，但之後便執著於 AB 牌，最後在賭局中途破產。伊里亞特也參與了這個實驗，雖然他的自我認知是保守、不喜歡風險，卻選擇了 AB 牌的策略；而且他在賭局結束之後，也正確的掌握到哪個是好牌、哪個是壞牌。

達馬吉歐說道：「光只是知道應該怎麼做還不夠，還必須感覺到應該怎麼做。」

二、神經經濟學

神經經濟學是指，利用各種方法掌握大腦的活動，深入探究「單看行為的結果無法說明」的大腦活動，加深對人類決策行為的理解，是一門全新的研究領域。

過去經濟學將大腦看作是「黑盒子」，輸入些什麼，就會輸出些什麼，這意味著不討論那中間的過程。對我們大多數的人來說，電腦就是所謂的黑盒子。

在經濟學，個人的誘因、偏好、信念是輸入，行為是輸出，這中間的決定過程則不討論。而神經科學可以打開人腦這個黑盒子，觀看黑盒子的內部，神經經濟學的特徵便是借助這個方法。

神經經濟學是非常新的研究領域，普遍認為其濫觴始自1999 年，麥可‧普拉特（Michael Platt）和保羅‧葛林姆徹（Paul

Glimcher）發表的論文（雖然他們的實驗對象是猴子，而不是人類）。這門研究領域的歷史雖然才十幾年，還很年輕，但其發展不只是日新月異，進步之快可以說是一日千里。

行為經濟學陣營也著手神經經濟學的研究，其中包含兩位諾貝爾經濟學獎得主康納曼和弗農·史密斯，以及坎麥爾、羅文斯坦、萊布森、菲爾等行為經濟學的重要人物。行為經濟學的鼻祖之一塞勒和馬修·拉賓，雖然理由不明，但兩人都與神經經濟學保持了一段距離。當然，許多心理學家和神經科學家都加入研究的行列，這個領域大多是由經濟學家、心理學家、神經科學家共同進行研究，是一門正在成長的新興學術領域。

大腦的構造與功能

為了概略地理解神經經濟學，必須先大致掌握大腦的結構。

圖 9-1 是覆蓋於人類大腦表面的大腦皮質。左邊為前方，如圖所示，依序分為額葉、頂葉、枕葉、顳葉。然後於外側溝的深處，在實際上看不到的地方，有著名叫島葉皮質的大腦皮質。

此外，大腦的中心部為小腦和腦幹，如圖 9-2 所示，其周圍為邊緣系統。邊緣系統當中的海馬迴、杏仁核、扣帶迴、依核，與情緒和好惡等判斷有密切關係，是神經經濟學的重要結構因素。邊緣系統的深處為基底核，包含紋狀體等組織。

模組式的分工體系是大腦的特徵。簡單來說，額葉負責執行高階認知功能和計畫等活動，頂葉掌管身體感覺，枕葉處理視覺相關功能，顳葉主管與聽覺、記憶、語言相關功能。只不

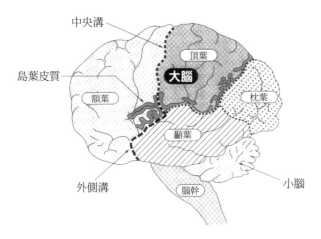

圖 9-1　大腦皮質

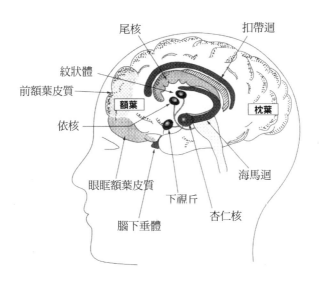

圖 9-2　大腦邊緣系統與基底核

過雖然說是分工，但並不是說各部位負責的工作完全不同，而是各部位互相合作，以系統的形式發揮作用。

對神經經濟學而言，與決策有關的部位尤其重要，此部位跟思考和情緒兩者有關。與解決問題和計畫等高層次思考過程有密切關係的，是前額葉皮質的前部和背外側區、頂葉後部。我們已知主管自動化歷程，尤其是掌管情緒，有邊緣系統、杏仁核、島葉皮質等部位。

此外，大腦還有產生愉悅感覺的酬賞系統。當腦幹的腹側被蓋區受到刺激，就會從那裡向依核、腹內側前額葉皮質、眼眶額葉皮質、前扣帶迴皮質等部位傳遞訊息，分泌並接收多巴胺，產生愉悅的感覺。人類從有價值的東西、食物、性愛、金錢、美的東西，或是毒品、有趣的漫畫獲得酬賞時（愉悅感），酬賞系統就會活化。

神經經濟學的研究方法與對象

神經經濟學的研究方法，主要是應用影像分析裝置，以不傷害大腦的方式從外部觀察大腦。這類大腦影像的分析工具有「功能性磁振造影」（functional magnetic resonance imaging，以下簡稱 fMRI）和「正子電腦斷層造影」（positron emission tomography，簡稱 PET）。

這些裝置是調查大腦血氧濃度和血流量的變化，例如調查人類某種行為，如計算或玩遊戲時，大腦哪個部位的血氧濃度和血流量會增加。大腦特定部位的血氧濃度和血流量，會隨著

活動增加；由此可以得知，在進行某種行為時，大腦哪個區域會較為活躍。也就是說，進行某項行為時，理性計算是否較有優勢，還是會受到情緒的支配，或是在兩者之間進行協調？透過這個方法，可以更深入地了解這類大腦的實際活動狀況。

此外，也有如達馬吉歐所實施的實驗，將大腦特定部位受損者的行為與一般人的行為進行對照比較，藉此了解大腦特定部位的功能。

除了這些方法以外，還有賀爾蒙量、皮膚電阻測試、心跳測量等單獨或是組合式的方法。

借助神經經濟學，逐漸解開神祕面紗的問題主要有：效用（酬賞）、在不確定環境下的選擇、時間偏好，與合作行為等行為經濟學極為致力研究的領域。接著就讓我們按順序，簡單來看看那些領域當中神經經濟學的成果。

大腦與效用

酬賞亦即效用，在大腦中占有什麼樣的地位呢？

在神經科學中，「酬賞」這個詞幾乎跟經濟學的「效用」概念同義。神經科學以測量經濟學的基本概念「效用」為目標，深入邊沁與傑逢斯（William Jevons）等古典經濟學家斷定為不可能的領域，徹底地研究效用的起源和強度。

在這個情況，找出主要由大腦的哪個部位掌管效用的獲得與其期望，對於思考理性和情緒的功能而言，相當重要。

利得的期望

在第 7 章，康納曼指出，透過真實經驗所得到的經驗效用，與為了決定未來的行為而進行預測的決策效用，應該有所不同。這兩個效用可能會在大腦的不同部位產生反應。

布朗‧克奴森（Brian Knutson）和理查‧彼得森（Richard Peterson）證實，經驗效用和決策效用兩者在大腦活化的部位不同。決策效用是指，對未來效用的預測、期待貨幣的利得時，腹側紋狀體的主要部位依核會明顯活化；而實際獲得利得時，則是腹內側前額葉皮質會活化。他們推測，額葉可能無涉未來的利得，與實際獲取利得的評價比較有相關。

接著，依核在期待利得時會活化，但是在預想損失時卻並非如此。因此，利得和損失並非同時發生反應，這個展望理論的核心概念（損失趨避），是因為大腦的功能而產生的。

此外從中也得知，不只是實際獲得利得的情況，期待利得的情況（效用的預測）也能令人獲得酬賞（愉悅感），這代表決策效用也可以獲得酬賞。

貨幣也會帶來效用

經濟學一般認為，會帶來效用的是財貨的消費，貨幣本身不會帶來效用。貨幣之所以有價值，並不是因為會帶來效用，而是因為可以用它購買財貨和商品。此外，經濟學也認為效用跟貨幣如何取得無關。

然而，卡羅琳‧辛克（Caroline Zink）等人的實驗證明了，

貨幣取得的方式不同，其帶來的效用也會有所不同。

他們的研究顯示，受試者面對「因自己的努力所得到的貨幣」與「別人給予而取得貨幣」的情況，大腦的活動會有所差異。據報告可知，因自己努力取得貨幣，其紋狀體的活動比別人給予貨幣的情況還要活躍。

紋狀體是大腦酬賞系統的一部分。從日常生活的經驗可以知道，自己努力得到的貨幣，會比別人給的貨幣帶來更強的愉悅感，而神經科學提供了支持此現象的證據。

風險與模糊

如果面對未來是有風險與模糊的情況（請參見第4章）時，我們會如何反應呢？

許明（Ming Hsu）等人，利用 fMRI 測量受試者在「有風險機率」與「風險不確定的模糊情境」的兩種情況下做選擇時，大腦哪個部位會活化。

首先，受試者會出現模糊厭惡的傾向；然後與「有風險的情況」相比，在「風險不確定的模糊情況」下，額葉最下端的眼眶額葉皮質、杏仁核，以及背內側前額葉皮質會活化。

眼眶額葉皮質是負責處理情緒，以及整合認知刺激的部位；杏仁核會釋放不安的訊息，背內側前額葉皮質則是調整杏仁核活動的部位。也就是說，在模糊的情況下，這些部位會活化，代表模糊的狀態引發不安，而那樣的情緒跟認知判斷糾纏在一起。

另一方面，與模糊的情況相比，在已知有風險的情況下，腹側紋狀體當中的尾核會活化。而且當期望值越高，腹側紋狀體活化程度越是活躍。這指出了當機率模糊，就會使獲得利得的期望值低，愉悅感就會減少的可能性。

接著許明等人，針對眼眶額葉皮質受損的人進行了同樣的選擇實驗，他們在模糊的情況和已知有風險的情況，並未出現不同的行為。諷刺的是，他們的行為最符合傳統經濟學的前提──預期效用理論的預測。

達馬吉歐等人，針對伊里亞特所進行的賭局實驗，正是模糊情況下的選擇問題。由此可推測，伊里亞特等額葉受損的患者，之所以無法做出正確選擇，可能就是因為無法迴避模糊所致。

跨期選擇的大腦活動

藉由大腦神經科學的基礎，探究第 7 章所討論的跨期選擇問題，近期未來的小利得以及遙遠未來的大利得，兩者之間為何會發生偏好逆轉的現象呢？研究顯示，大腦使用不同部位針對兩者進行判斷。

薩繆爾・麥克庫爾（Samuel McClure）和大衛・萊布森等人，藉由調查受試者在近期未來的小利得，以及遙遠未來的大利得之間做選擇時，利用 fMRI 觀察他們大腦區域的活化狀態。

他們觀察到，人們面對近期未來的小利得時，腹側紋狀體、內側眼眶額葉皮質、內側前額葉皮質的狀態比較活躍。這幾個

部位受到酬賞系統的多巴胺刺激而活化，因此可以說是對時間距離較近的利得產生了反應。

相對於此，外側前額葉皮質和頂葉面對所有選項都會活化，顯示兩者進行高度的認知和計算。

簡單來說就是，面對近期未來的小利得與遙遠未來的大利得，情感和認知會發生對立，前者贏就選擇前者，認知贏就選擇後者。這為「意志力壓抑情感的需求」這個古老說法提供了證據。

合作、懲罰、愉悅的情緒

如第 8 章所討論的，合作行為背後的基礎是由權衡利害得失、公平的感覺，和憤怒之類的情緒所組成的。神經經濟學研究藉由大腦的影像分析法，為上述理論提供了明確支持證據。

艾倫・桑斐（Alan Sanfey）和詹姆士・瑞林（James Rilling）等人利用 fMRI，調查最後通牒賽局的受試者大腦影像。

藉由影像分析，他們觀察到回應者面對初始額為 10％～20％極不公平的提案時，位於額葉的背外側前額葉皮質、位於邊緣系統的前扣帶迴皮質，以及島葉皮質會特別活化。在這當中，島葉皮質是感受到疼痛、厭惡、肚子餓、口渴等不愉悅的情緒時會活化的部位。前扣帶迴皮質是擔負「管理控制能力」的大腦部位，接收各種大腦其他部位的訊息，調節這中間的訊息衝突。他們推測，「期望分配的背外側前額葉皮質」與「討厭不公平的島葉皮質」之間的糾紛，有可能是由前扣帶迴皮質

進行協調。

此外，島葉皮質活化程度越高的受試者，越可能拒絕提案。而且，當不公平提案的提案者是人類時，島葉皮質活化的程度會比「提案者是電腦」時來得高。這顯示出，島葉皮質的活化可能受到社會脈絡的影響。

不僅如此，研究也發現到這樣的傾向：島葉皮質比背外側前額葉皮質還要活化時，就會拒絕提案；相反的，當背外側前額葉皮質比島葉皮質還要活化時，即便提案不公平，受試者也會接受。這個研究結果提供了強而有力的證據，支持「決策是由情緒和認知的相互作用所決定」說法。

瑞林等人也實施了反覆進行的囚徒困境實驗，觀察人們在合作行為時大腦的神經活動。

受試者的對象有人類和電腦。從觀察結果可知，當自己選擇合作，對方也選擇合作時，受試者的紋狀體、前扣帶迴皮質、屬於額葉一部分的眼眶額葉皮質會活化。與酬賞、衝突的調節、掌管情緒的部位發揮了作用。尤其是屬於酬賞系統（紋狀體和眼眶額葉皮質）的活化，顯示互惠性的合作行為會帶來酬賞（愉悅感）。

此外，當對方選擇合作，即便兩者酬賞金額相同，相較於在實驗中得知對方是電腦的情況，人們知道合作的對方是人類時，酬賞系統的活化程度更活躍。

如果只有金錢利得才會讓大腦感到愉悅，合作對象無論是人類還是電腦，應該不會出現差異。前者之所以可以帶來較強

烈的愉悅感，可能是因為合作不僅是單純帶來酬賞，對人類而言，以社會脈絡的同理心為基礎的合作行為是酬賞，會帶來更多的愉悅感。但關於這點，尚未有相關的實證研究。

達可文（Dominique de Quervain）等人，利用 PET 造影技術，調查信任賽局中懲罰行為時大腦的活動。

參與者 A 必須決定，要從初始額當中拿出多少金額投資。實驗者將投資金額加上 4 倍後交給參與者 B，然後 B 再決定是否要將其中部分金額交還給 A。A 信任 B，但是 B 卻未回應 A 的信賴而選擇背叛時，A 有機會可懲罰 B。只是懲罰有兩種形式，一種是 A 實際減少 B 的利得；另一種則是 A 表示出懲罰的意思，但實際上 B 的利得並不會減少，為形式上的懲罰。

實驗結果發現，無論是哪種形式的懲罰，進行懲罰時，背側紋狀體的尾核都會活化。普遍已知，這個部位在預期酬賞、決策、行動時會活化。而且受試者的尾核越活化，施加的懲罰就越重。這也證明，對破壞道德或規範的人施以懲罰的行為，會帶來愉悅感。

催產素與信任

最後讓我們透過保羅‧札克（Paul Zak）等人的研究，來看看催產素（Oxytocin）這個賀爾蒙如何影響合作行為。

札克針對信任與值得信任（回應別人對自己的信賴），進行了生理學的研究。他們讓受試者進行信任賽局，並請受試者決定投資額之後，到另一個房間抽血，測量血液裡的賀爾蒙量。

結果相當有趣。由實驗結果可知，受到 A 的信任、須決定是否歸還部分金額給 A 的參與者 B，從參與者 A 獲得的金額越多的人，也就是越是受到信任的人，催產素在血液中的濃度越高，也歸還較多的金額給 A。其他組的賀爾蒙則未觀察到顯著變化。

催產素是由下視丘的旁室核所分泌，並儲存於腦下垂體後葉的一種賀爾蒙，達馬吉歐如此說明道：「一般而言，催產素會對親暱行為、運動、性行為、哺育行為等各種情況帶來影響。……那會促進社會的交互作用、強化配偶間的羈絆。」催產素會刺激副交感神經，發揮促進多巴胺分泌的作用。札克結論道，這是合作行為在生理學上的動機。

麥可‧寇斯菲爾（Michael Kosfeld）和馬庫斯‧海利根（Markus Heinrichs）等人，為驗證催產素的功能，做了一項有趣的實驗。他們請受試者從鼻子吸入催產素後，實施信任賽局，並與吸入安慰劑的受試者行為進行比較。

實驗結果顯示，吸入催產素的受試者，若處於參與者 A 信任對方的立場時，信任行為會增加；然而，站在受到他人信賴，或是回應他人信賴的立場時，參與者 B 的行為並無差異。

吸入催產素的人，並不覺得參與者 B 特別值得信賴；信任對方的程度，與吸入安慰劑的人相比並無太大的差異。因此，寇斯菲爾等人推測，催產素並不會讓人覺得對方變得值得信賴，而是使人比較願意承擔遭受對方背叛的風險。

三、演化的力量

　　最後讓我們來思考一下演化與人類行為的關係。

　　我們擁有的特質當中，具有經歷漫長且嚴酷的生存環境，延續下來的演化特質。例如，為何我們擁有情感呢？

　　恐懼這樣的情緒，是安裝在我們身上的優良裝置。當遇到眼前出現毒蛇，這類無法停下來細想、攸關性命的情況時，這樣的裝置能讓我們立即採取「逃走」行動。

　　假設人類本來分為「擁有這類恐懼的情緒裝置的人」與「未擁有這類裝置的人」。擁有恐懼情緒的人能活得比沒有恐懼情緒的人更久，因此繁衍更多的子孫；若恐懼情緒透過基因或學習等方式傳給後代，擁有恐懼情緒的人就會越來越多。

　　如果處於沒有毒蛇這類危及人類性命的動物、攻擊他人的人類，也沒有自然災害的穩定環境，是否擁有恐懼這類情緒，可能對生死的影響不大。因此，特質的重要程度是由環境關係所決定。

　　當我們擁有適合周遭環境的特質，以及不適合的特質時，擁有適合的特質（適應環境特質）的人便能存活下來，若那樣的特質可以傳給後代，擁有那種特質的人就會增加。這就是演化的過程。

　　如第7章提到的短視近利，在過去應該是適應環境的特質。食物等重要的資源並非唾手可得，而且是容易腐敗、不易保存的東西，在所有權這類法律制度尚未完善的情況，馬上得到眼

前的資源是急迫的課題，不能拖到未來再說。因此，短視近利可能是人類與生俱來的特質。

然而，在現在的環境下，短視近利不再是適應環境的特質。舉例來說，我們對糖分的渴望，也是同樣的道理。在嚴酷的環境裡，為了獲得維繫生命所需的能量，只要一有可以攝取糖分的機會就不會放過，這樣的特質在過去應該是適應環境的。然而在現代社會，過度渴望糖分恐怕不是適應環境的特質。

在第 8 章我們看到，情緒在促使、維繫合作關係上，發揮了強大的作用。而本節將以合作行為背後的基礎——情緒如何演化而來為主題，探討演化對人類合作行為的影響。

合作行為的演化

人類的心理和行為也受到演化的影響。而且所謂的適應環境，不只是大自然，也包含了文化與社會環境。

現已實證，合作行為受到不同社會文化的強烈影響，但情緒在合作時扮演了重要角色，這點並未受到太多的矚目。接著就讓我們來思考一下，在環境的形成當中重要的因素之一「文化」，是如何促成合作並維繫合作關係。

思考時有兩點關鍵，其一，建立合作關係所需的各種能力，是以基因的形式傳給後代；其二，合作行為這個文化不斷演化。因此，不僅是基因演化，思考社會的文化演化（cultural evolution）也很重要。

演化的邏輯無須透過基因，也可在傳遞資訊、進行複製的

系統中產生。再者，就基因演化和文化演化為相互助長的關係來看，基因與文化可以說是共同演化，合作行為的演化也是基因與文化共同演化的一例。

這個主題是曾出現在第 8 章，目前是眾多學者全力投入研究的最新話題，包括：恩斯特・費爾、薩繆爾・鮑爾斯，與赫伯特・季廷斯等隸屬聖塔菲研究所的行為經濟學家，以及彼得・瑞查森（Peter Richerson）、羅伯特・包艾德、約瑟・漢利赫等演化生物學家和人類學家，全力投入研究的最新話題。

生物學的適應度與經濟利得

如第 8 章所述，合作行為或是利他主義是指，以減少自身利益這類花費成本的方式，增加其他人、或是自己所屬團體平均利益的行為或特質。

這個時候怎麼看利益便很重要。

在演化生物學，利益是指適應度（fitness），簡單來說，就是個體繁殖留下的後代數量。用經濟學的話來說，就是利得。

經濟學上的利得，並不等同於生物學意義上的適應度；而且人類並非意識著適應度而行動，而是為了追求物質利益、社會地位、評價等各種滿足而行動，因此一般而言，兩者个會是一致的。

但是我們應該可以推測，在人類的演化史中最漫長的更新世，經濟學意義上的利得與生物學意義上的適應度，恐怕有高度正相關。然而，身為生物的人類，所需的演化時間相當長，

因此現在與當時幾乎沒有什麼差異;相較之下,人類適應的自然與社會環境卻發生巨變,結果使得現在的經濟利得與生物學上的適應度,出現兩者未必是正相關的情況。

然而我們可以說,人類的身體、大腦、心理當中因演化而形成的部分,與適應更新世的環境當時是一樣的。因此,現在企圖極大化經濟利得的行為,未必能極大化生物學上的適應度。於分析合作行為之際,很大一部分是依據演化論,但只從適應度極大化的觀點,可能無法正確地理解合作行為,這個時候追求經濟滿意度的觀點就很重要。

血緣關係與互惠性

血緣關係與互惠性利他主義,是演化生物學說明合作行為的兩大理論。

前者是指,針對有血緣關係者的利他行為;後者是指第 8 章所說的正向互惠性,因為自己有物質上的利益,所以對他人做出利他的行為。

這些理論雖然可以說明人類的合作行為,但應該也有不充分的地方。世襲制、家族企業、遺產繼承等風俗習慣,至今仍四處可見;對此雖然有批判的聲音,但這樣的現象並沒有消失,這應該可以說是對有血緣關係者的一種利他行為。然而,這個模式無法說明在人類身上常見的行為——與他人合作。

另一方面,透過互惠性利他主義可以說明,為何利己的人類也會出現合作行為;也能夠理解,在反覆進行的囚徒困境中,

「以牙還牙」這樣的策略為何能成功。然而，用互惠性利他主義來說明合作行為時，無法說明單次或反覆進行的囚徒困境中，最後一次賽局出現的合作行為；此外，也無法說明當事者非兩人，而是多位參與者的公共財賽局的合作行為。這些是理論的侷限，跟第 8 章所討論的問題相同。

文化演化

有別於血緣和互惠性利他主義這類演化生物學上合作行為的模型，讓我們來思考一下，形成人類環境的因素當中，對人類社會影響最大的「文化」是如何產生合作關係的。

關於什麼是文化，嚴謹定義就交由其他專書說明，這裡採用透過演化論來研究文化和社會的演化生物學家——瑞查森與包艾德的定義：「文化是可以影響個體行為的資訊；透過教育、模仿，以及其他社會傳遞，從其他同種個體獲得的資訊。」

文化傳遞的資訊包含了觀念、知識、信念、價值、技能、態度，甚至是技術。

文化演化與基因演化相同，必須有適應、變異、傳遞三個條件。考量這些條件，文化演化理論的大致內容如下。

首先關於文化的變異，就如同許多人類學和民族誌的研究所指出的，人類社會團體的文化與行動，會因區域和時代等而有極大的差異；我們可以說，團體間的文化變異大。

文化傳遞與一般的演化過程不同，未必是透過基因，也可能是同一代當中人為產生的。文化是透過學習、教育、仿效等

方式，從父母到孩子，或是在手足、血緣關係者、朋友、同事之間傳遞。

團體的淘汰

接著讓我們來思考團體的淘汰。

假設有兩個規模沒那麼大、包含無血緣關係者的兩個團體，其中一個團體不知原因為何，有許多人會為了團體利益而選擇合作，而另一個團體比較多人是利己主義者。假設前者（較團結的團體）與後者（較不團結的團體），因糧食等資源問題而相互鬥爭。

在鬥爭時，比較團結的團體，因為成員選擇合作，因此有充分的忠誠心、凝聚力、勇氣等迎戰鬥爭的必備要素；從結果來看，相對於不團結的團體，團結的一方比較可能獲得勝利。這意味著，有合作文化的團體會在鬥爭中贏得勝利，而沒有合作文化的團體，則會因鬥爭而遭到淘汰、消滅。這指的是團體的消滅，個體仍有存活的可能。

人類歷史不乏這種團體間鬥爭的實際例子，例如，19世紀到20世紀初，蘇丹的努爾人（Nuer）和丁加人（Dinka）；在紐幾內亞（現在的巴布亞紐幾內亞），也可以看到不少部落因鬥爭而消長盛衰。

面對鬥爭的淘汰壓力，團結的團體比不團結的團體有更高的適應度；「是否有合作文化」，這樣的文化變異所帶來的適應差異，可能會使某一方的團體（群體）遭到淘汰。達爾文也

明確地指出，這樣的過程可能會帶來淘汰。內容有點長，但值得引用給大家參考。

　　把特定的個人與其孩子，拿去跟同部落的其他成員相比，擁有高尚道德感的特質幾乎不會（或完全不會）讓人得到什麼好處；但我們不可以忘記，若道德感提升，具有那種特質的人增加，與其他部落相比，具高道德感的部落應該會變得非常有利。保持高度的愛國心、忠誠、順從、勇氣，以及同理心的情感，彼此互相幫助，為了全體利益而願意犧牲自我，擁有較多道德特質成員的部落，在鬥爭中可以打贏其他部落是無庸置疑的，而這就是自然淘汰。無論在哪個時代、世界的哪個角落，都會有某個部落取代其他部落的情況。而道德是他們成功的主因之一，世界各地的道德標準都向上提升，具有較高道德的人類數量便增加了。

　　上述指的是，文化藉由團體層次的「群體選擇」（group selection）進行演化。群體選擇的觀念認為，個體因基因發生演化的情況，理論上是不可能的。因為團體內不合作的個人可以搭合作者的便車；而且團體內合作的個人選擇合作時，須花費成本，因此與合作者相比，不合作者的利得會比較多、相對適應度也比較高。

　　「偉大的旅鼠群體，為了物種存續而自我犧牲」，這個過去盛極一時的觀念是錯誤的。因為為了維持物種存續而自我犧

性的個體，其隸屬的團體中，只要出現不維持物種存續的個體，或是其他個體從別的團體遷移過來的話，那樣的個體適應度高、會留下比較多的子孫。也就是說，不自我犧牲、維持物種存續的個體數量會逐漸增加。

群體選擇只會發生在文化上，因此這種淘汰又多稱為「文化的群體選擇」（cultural group selection）。

文化變異的保存

團體間的文化變異及其變異的保存，對文化的群體選擇的出現極為重要。有兩個因素，可能對變異的保存發揮了重要的作用：其中一個是文化傳遞的特殊方法，另一個則是對違反合作行為者施行利他性懲罰（請參見第 8 章）。

讓我們來看看，這兩個因素如何對文化變異的保存發揮作用。

首先，文化傳遞最重要的就是仿效。

本書多次提到，我們在進行判斷或決策時，並非透過理性做出決定，而是仰賴各種捷思。在社會上模仿他人的行為時，會運用「模仿成功人士」、「仿效權威人士」的捷思；但最常使用的是「順從多數」的捷思，也就是模仿那個團體最多人採取的行為，「別人做什麼，我就跟著做什麼」的意思。

賽門將這個捷思稱為「順從性」（docility），指的是不批判、不探討，直接跟隨他人行為的意思。文化如果是透過這個捷思傳遞，即便有從其他團體過來的移民，或是新生兒這類新

加入團體的成員，仍會與其他團體保持文化差異，團體內的文化變異仍然小。文化上的合作關係亦同。

　　第二個因素是，懲罰違反合作規範的脫序者，也就是背叛者。對遭受懲罰者而言，懲罰除了物質上的損失以外，還必須承擔在團體內的評價降低，找不到配偶這類的成本，甚至可能使適應度減少。因此出現避免遭受懲罰的傾向，引導出合作行為，如同第 8 章討論的，對懲罰者而言，即便花費成本也要實施懲罰。一旦引進這樣的懲罰制度，便可以發揮強化合作規範的作用，維持合作文化。

規範的內化

　　當合作的規範形成，「規範的內化」能強化合作行為的規範，發揮維持團體合作體制的功能。

　　規範的內化主要是社會學使用的概念，社會學家詹姆士・科爾曼（James Coleman）如此定義：「當個人擁有內在的制裁系統，一旦人們做出規範禁止的行為，或是未實行規範命令的行為時，那個體系就會施加懲罰。」這裡的制裁（sanction）是指，對遵守規範（大家認為是對的行為）給予酬賞；對違反規範（大家認為是不對的行為）施以懲罰。

　　規範的內化是指，這樣的制裁系統建構於個人的內在。因此，例如說，若遵守規範就給自己酬賞，若不遵守規範就懲罰自己。規範一旦內化，遵守規範便不再是為達成其他目的，例如物質上滿足的手段，規範本身變成了目的；也就是說，規範

的遵守與應追求的目標成為一體。

這樣的規範內化究竟是如何產生的呢？

在社會學，造成規範內化的過程，一般稱為「社會化」，在社會中透過經驗和世代間的傳遞所形成的。然而，內化規範的能力也有可能是天生、由基因所決定的。遵從規範可說是一種人類普遍的特質，幾乎在所有的文化都可以看到這樣的現象，這可作為「內化規範的能力是天生就有」的間接證據。

此外，赫伯特・季廷斯運用數理模型證明，若某個規範內化後能增加個人適應度，有可能因此演化出促進那種規範內化的基因。

社會情緒的角色

接著，規範內化之後，會如何給予自己懲罰或酬賞呢？

此時社會情緒便很重要。引導主體採取合作行為的情緒，又稱為「順從社會的情緒」，例如：羞恥、罪惡感、悔恨、憤怒等情緒。這些情緒來自於，當行為違反自己或社會的準則時，個體會感受到的不愉悅感。

相反的，遵守規範時會產生愉悅感。一旦人感受到那樣的情緒，當然會影響到自己的行為。

若規範內化，遵守規範時，就會帶來作為內在酬賞的愉悅情緒；違反規範時，就會引起內在懲罰的不愉悅情緒。那樣的情緒作為人類效用函數的變數，與物質的利得一起產生效用，效用的極大化為其目標。因此簡單來說，因為不遵守規範會感

到不愉悅，為避免產生那樣的情緒，所以遵守規範；或是因為遵守規範會感到愉悅，所以決定遵守，這些都是在沒有自覺的情況下產生。

亞當・斯密早已指出，內化的天生情緒對合作行為的重要性。他說道：「為強制人們守護正義，大自然會在人類的心中植入，當正義遭到侵犯時就必須懲罰的意識、對相應懲罰的恐懼，作為人類結合的偉大保證，以此保護弱者、抑制暴力、懲罰罪惡。」

因此，規範的內化與其伴隨而來的社會情緒，可以作為維繫合作規範強而有力的力量；在團體間鬥爭的同時，這類淘汰壓力較弱的情況下，也能促進合作。第8章提到的日間托育中心，就是規範的內化與其伴隨而來的社會情緒，對行為造成影響的好例子。

此外，我向每天早上都很有精神地打招呼的人，以及因為一點小事也很有禮貌道謝的人，詢問他們那樣做的理由，大多數的人都回答：「不那樣做會覺得不對勁」或「就習慣了」。也就是說，打招呼和道謝的規範內化，那麼做可以獲得情緒上的酬賞。雖然父母管教和模仿他人，也是規範內化的原因之一，然而規範一旦內化，情緒便扮演了維繫規範的重要角色。

對什麼樣的事情會產生憤怒或罪惡感等社會情緒，可能因文化和社會而異，但感受社會情緒的能力是天生的。這就如同史蒂芬・平克（Steven Pinker）和諾姆・杭士基（Noam Chomsky）主張語言能力是天生俱來的，但具體而言習得何種

語言，則是受到父母及周遭環境所決定。

作為合作基石的天生能力

除了社會情緒之外，還有其他與生俱來的能力也能維持合作關係。

各位還記得第 1 章的問題 3 嗎？那個問題如下：有四張卡片，卡片的正面為英文字母，反面則是數字。現在你為了驗證「母音卡片的反面一定是偶數」的規則是否成立，應該要翻開哪張牌呢？四張卡片分別是 E、K、4、7。正確答案是 E 和 7，這個問題的答對率大約是 10%。

演化心理學家蕾姐．科斯米德斯（Leda Cosmides）和約翰．圖比（John Tooby）表示，人類不擅長回答這種普遍且抽象的問題。

當問題改成下面的形式，答對率就會大幅提升。將問題的規則改成：喝酒的人一定 20 歲以上。卡片改成啤酒、可樂、16 歲、24 歲。這個時候只要翻開啤酒和 16 歲的卡片就對了。像這樣把問題改成熟悉的表達方式，答對率會增加到 50% 左右。

然而，科斯米德斯主張，這種問法提升答對率的原因，不在於熟悉問題的內容，而是人類具備看破違反社會契約者（在這個例子就是未成年不得飲酒）的能力。科斯米德斯和圖比將這個能力稱為「叛徒偵測能力」。

以下例子證明了上述的現象，即便是普通人不熟悉的問

題，也因為叛徒偵測能力增加了答對率。這個問題的規則是「吃樹薯根的人，臉上一定有刺青」，卡片為有刺青、沒有刺青、吃樹薯、吃堅果。這個例子的正確答案是沒有刺青、吃樹薯，答對率大幅提升。

科斯米德斯和圖比主張，人類具備的叛徒偵測能力是促進社會合作的強大力量。這個能力在無意識的情況下發揮作用，並可能伴隨著憤怒等情緒，是人類於進化過程中學到的能力。他們認為大腦的一部分擔負了這個功能，並將之稱為「叛徒偵測模組」（cheater detection module），是人類天生的特質。

北海道大學山岸俊男教授的研究團隊，更進一步得到有趣的實驗結果，那就是用看的就知道誰是叛徒。

在他們的實驗中，在多人的囚徒困境實驗結束後，或是做出選擇的瞬間，拍下參與者臉部照片，並將這些照片拿給其他人判斷。其他人單看照片就有非常高的機率可以斷定出誰是合作者、誰是背叛者，尤其又以背叛者的判定最為正確。山岸等人推測，叛徒偵測模組可能包含了辨別背叛者面孔的能力。俗話說「不要用外表判斷一個人」，但山岸等人的實驗結果卻顯示那是可能的。

揣摩他人內心的能力，稱為讀心術或是「心智理論」（theory of mind），被視為與生俱來的能力。這個研究領域的引領者之一賽門・巴龍科恩（Simon Baron-Cohen），用「讀心的本能」一詞來表達這樣的能力。無論是決定自己是否合作，還是辨別對方是否為背叛者，都必須看穿他人的意圖、預測行為。

　　讀心的能力也是促成合作的天生能力。例如，請回想一下第 2 章的圖 2-2。我們之所以能判斷出那是一張臉，而且是憂鬱、煩惱的臉，都是因為這個讀心的能力。亞當‧斯密和大衛‧休謨所重視的、作為形塑社會的基礎能力「同理心」，正因為人類有讀心的能力才得以發揮作用。如第 8 章提到的，普遍認為自閉症患者不擅長讀心，但他們的行為卻非常經濟人。

　　此外，演化心理學家羅賓‧鄧巴指出，語言也發揮了偵測背叛者的功效。他主張，世界上之所以有這麼多的語言和方言，是因為區分敵我所需。屬於同個團體的人使用相同的語言，其他團體的人使用不同語言的話，就容易辨別敵我。

　　鹿兒島方言以難以理解而出名，有一說認為，那是江戶時代的薩摩藩，為方便辨認他藩與我藩，刻意人為地把方言弄得艱澀難懂。若此為事實，正是支持鄧巴主張的實際例子。

　　人類的語言能力是天生的，因此語言也可以說是一種與生俱來的合作促進裝置。

　　合作關係的維繫需要這麼多不同的能力，由此可知，對人類社會而言，亦即對隸屬那個社會的個人而言，合作關係帶來相當多的好處，同時也顯示出，合作關係的建立有多麼困難。

基因與文化共同演化合作行為

　　就如同社會情緒和讀心能力，維繫與促進合作關係的能力也以基因的形式傳給後代子孫，而合作行為也是文化演化的。也就是說，合作行為是基因與文化的特質攜手合作，共同演化

而成，只要缺少任何一種特質，就演化不出合作行為。就這個意義上，合作行為是一種基因與文化共同演化出來的東西。

有句話說「教養勝過家世」，意思是比起與生俱來的遺傳特質，教育等後天環境，對品格培養的影響更重大。相反的，也有人認為，與生俱來的特質決定了大部分。這裡所主張的基因與文化的共同演化，指的就是「教養勝過家世」，並不是單純地說哪個比較重要，而是兩者互補才能創造出適應性的特質。

例如身體的強健程度，變為基因與文化共同演化的例子。跟初期的人類相比，現代人的身體沒那麼強壯，這與製造狩獵用投射工具及技術進步有關。

在發明出投射工具之前，狩獵需要強壯的身體；但是在投射工具發明出來之後，維持強健身體需要較多的能量，因此身體沒那麼強健的人適應性變高；而人類的身體，也因此變得沒像過去那麼強壯了。創造投射工具的文化與創造強健體魄的基因相互影響，演化出現代人如今的身體。

如同查理斯・龍士敦（Charles Lumsden）和愛德華・威爾遜（Edward Wilson）所說的：「基因與文化，是以柔軟但不會斷裂的鎖鏈綁在　起的。」

所以，人是理性的嗎？

情緒帶來的影響很大，情緒跟物質同樣可以帶來愉悅感，

人因而行動。

　葛林姆徹和麥可・多里斯（Michael Dorris）表示，人類以生理意義上的效用極大化為目標。與傳統經濟學的效用極大化不同，生理效用極大化不只是追求物質上的滿足，同時也追求情緒帶來的愉悅感，因此可以說是不斷追求總效用的極大化。那樣也許是人類藉由演化所獲得的特質。但目前還沒有確切的證據可以證實生理效用極大化的機制。

　為他人付出以及為他人帶來喜悅，或遵守與他人合作的規範而感到喜悅時，人會產生利他行為。在這個意義上，追求自我滿足，結果產生利他的行為，因此從嚴格的定義來看，利他行為應該可說是利己的行為。

　至今尚未觀察到，完全不伴隨自我的滿足、徹底自我犧牲的利他行為。雖然戈登・圖洛克（Gordon Tullock）說：「嚴格來說，平均約95％的人類是利己的。」但也沒有證據可以證明剩下5％的存在。

　但即便如此，也不損及利他行為對人類的重要性。對社會成員而言，合作行為很重要，選擇合作的人能因此獲得讚賞。17世紀的法國作家拉羅什福柯（Francois de La Rochefoucauld）曾說道：「私欲作為諸惡的根源會遭到譴責，但作為善行的源頭卻時常受到讚揚。」

　也就是說，人類是以利己的效用極大化為目標；但如同我們一路看下來的，這完全不符合傳統的經濟人假說。

　所以我們應該可以說，就做出適應自己所處環境與生態的

決定這點來看，人類是理性的。這個意義上的理性，用弗農‧史密斯或蓋格瑞澤的話來說就是「生態理性」，賽門和法蘭克則稱之為「適應理性」。

　　我們需要更進一步地研究人類這種理性行為，而行為經濟學應該可以作為強而有力的研究方法。

後記

行為經濟學的旅程正要開始

　　行為經濟學曾受到這樣的批評：難以推展出嚴謹的理論和模型。傳統經濟學容易簡化為數理模型，且嚴謹度高，因此也有人主張傳統經濟學比較出色。然而，比起嚴謹地弄錯，隨便但正確的東西，比較有用。壞掉的時鐘，一天可以嚴謹地指出兩次時間；而快一分鐘的時鐘，一次也未正確地指出時間，但哪個時鐘比較有用，應該不言自明吧？

　　本書未能充分說明行為經濟學的政策意涵。政策是控制人類的行為，試圖使其轉往某種意義下期望方向的東西，因此為了制定出有效的政策，掌握、了解人類的本質是必要的。佛教經濟學的倡導者恩斯特・舒馬克（Ernst Friedrich Schumacher）說：「我的姓氏為鞋匠[4]，所以我非常清楚，即便有豐富的製鞋知識是不夠的，還需要腳部的知識。」這裡應該可以把「鞋子」換成「政策」，「腳」換成「人類」。政策的相關討論將擇期再議。

　　各位是否滿意這趟行為經濟學之旅呢？若能夠讓閱讀本書

4　Schumacher 的德文字面意思為製鞋人。

的讀者感到「行為經濟學真有趣」，對筆者而言是最大的喜悅。

　　此外，若發現本書的不足或錯誤之處，懇請讀者不吝批評指正。

　　撰寫本書時受到以下各位的幫助，在此致上最高的謝意。

· 首先感謝筆者就讀早稻田研究所、助手時代的恩師——柏崎利之輔老師、柴沼武老師長年的提攜與教導。

· 創造撰寫本書契機的早稻田政治經濟學系藪下史郎老師、永田良先生。

· 參與實驗、回答各式各樣問題，明治大學資訊交流學系、短期大學、全球貿易研究所的學生們。

· 與我討論本書內容的同事、朋友。

· 聽我講述無聊的本書內容，與各種經濟議題的新宿黃金街酒友們。

· 為本書繪製精美大腦圖（圖 9-1、9-2）的插畫師橘雅昭先生。

· 對拖稿的筆者鍥而不捨，擅長讚美，一直陪伴我到最後的光文社新書編輯部的古谷俊勝先生、山川江美小姐。

· 為本書基礎研究，提供研究經費的明治大學社會科學研究所。

· 容忍筆者半夜寫作、白天睡覺的任性生活的父親、妻子、兒子。

　　非常感謝大家！

2006 年 4 月

友野典男

主要參考文獻

第 1 章

· Arrow, K. J., 1986, Rationality of Self and Others in an Economic System, *Journal of Business*, vol.59.
· Camerer, C. F., 1987, Do Biases in Probability Judgment Matter in Markets?, *American Economic Review*, vol.77, pp.981-997.
· Camerer, C., 2003, *Behavioral Game Theory: Experiments in Strategic Interaction*, Princeton University Press.
· Friedman, M.,1956, *Essays in Positive Economics*, University of Chicago Press.
· Gardner, H., 1985, *The Mind's New Science: A History of the Cognitive Revolution*, Basic Books.
· Kahneman, D., 2003, Autobiography, Nobel e-Museum, http://www.nobel.se/economics/laureates/2002/kahneman-autobio.html
· Katona, G., 1960, *Psychological Analysis of Economic Behaviour*, Greenwood.
· Keynes, J. M., 1936, *The General Theory of Employment, Interest, and Money*.
· Rabin, M., 2002, A Perspective on Psychology and Economics, *European Economic Review*, vol.46, pp.657-685.
· Russell, T. and R. Thaler, 1985, The Relevance of Quasi Rationality in Competitive Markets, *American Economic Review*, vol.75, pp.1071-1082.
· Selten, R., 1990, Bounded Rationality, *Journal of Institutional and Theoretical Economics*, vol.146, pp.649-658.
· Sen, A., 1987, *On Ethics and Economics*.

· 塩沢由典 , 1990,《市場の秩序学》
· Simon, H. A., 1983, *Reason in Human Affairs,* Stanford University Press
· Simon, H. A., 1991, *Models of My Life, Basic Books.*
· Smith, A., 1759, *The Theory of Moral Sentiment.*
· Smith, A., 1776, *The Wealth of Nations.*
· Tversky, A. and Daniel K., 1986, Rational Choice and the Framing of Decisions, *Journal of Business,* vol.59, pp. S251-S278.
· Veblen, T., 1899, *The Theory of the Leisure Class.*

第 2 章

· Frank, R. H., 2004, *What Price the Moral High Ground?: Ethical Dilemmas in Competitive Environments,* Princeton University Press.
· McKelvey, R. and T. Palfrey, 1992, An Experimental Study of the Centipede Game, *Econometrica,* vol.60, pp.803-836.
· Vos Savant, M., 1997, *The Power of Logical Thinking,* St Martins Press.
· 三浦俊彥 , 2002,《論理パラドクス》

第 3 章

· Bargh, J. A., 2002, Losing Consciousness: Automatic Influences on Consumer Judgment, Behavior, and Motivation, *Journal of Consumer Research,* vol.29, no.2, pp.280-285.
· Bargh, J. A. and T. L. Chartland, 1999, The Unbearable Automaticity of Being, *American Psychologist,* vol.54, no.7, pp.462-479.

· Camerer, C. and G. Loewenstein, 2004, Behavioral Economics: Past, Present, Future, in: Camerer, C., G. Loewenstein and M. Rabin(eds.), 2004, *Advances in Behavioral Economics,* Russell Sage Foundation and Princeton University Press, pp.3-51.

· Chapman, G. B. and E. J. Johnson, 2002, Incorporating the Irrelevant : Anchors in Judgments of Belief and Value, in: Gilovich, T., D. Griffin and D. Kaheneman(eds.), 2002, Heuristics and Biases: *The Psychology of Intuitive Judgment,* Cambridge University Press, pp.120-138.

· Daniel. Dennett, 1987、*Cognitive wheels:* The frame problem of AI. pp128-150

· Fischhoff, B., 1975, Hindsight # Foresight: The Effects of Outcome Knowledge on Judgment under Uncertainty, *Journal of Experimental Psychology: Human Perception and Performance,* vol.1, pp.288-299.

· Gigerenzer, G., P. M.Todd and the ABC Research Group, 1999, *Simple Heuristics that Makes Us Smart,* Oxford University Press.

· Gilovich, T., 1991, *How We Know What Isn't So: The Fallibility of Human Reason in Everyday Life,* Macmillan.

· 橋田浩一、松原仁 , 1994,〈情報の部分性〉；松岡正剛他 , 1994,《複雑性の海へ》

· Kahneman, D., 2003, Maps of Bounded Rationality: Psychology for Behavioral Economics, *American Economic Review,* vol.93, No.5, pp.1449-1475.

· Kahneman, D. and S. Frederick, 2004, Attribute Substitution in Intuitive Judgment, in: Augier, M. and J. G.March(eds.), 2004, *Models of Man: Essays in Memory of Herbert A. Simon,* MIT Press, pp.411-432.

· Kahneman, D. and A. Tversky, 1972, Subjective Probability: A Judgment of Representativeness, *Cognitive Psychology*, vol.3, pp.430-454.

· Kahneman, D. and A. Tversky, 1973, On the Psychology of Prediction, *Psychological Review*, vol.80, pp.237-251.

· Kahneman, D. and A. Tversky, 1983, Extensional versus Intuitive Reasoning: The Conjunction Fallacy in Probability Judgment, *Psychological Review*, vol.91, pp.293-315.

· Mussweiler, T., B. Englich and F. Strack, 2004, Anchoring Effect, in: Pohl, Rüdiger F. (ed.), 2004, *Cognitive Illusions: A Handbook on Fallacies and Biases in Thinking, Judgment and Memory*, Psychology Press, pp.183-200.

· Northcraft, G. B. and M. A. Neale, 1987, Experts, Amateurs, and Real Estate: an Anchoring-and-Adjustment Perspective on Property Pricing Decisions, *Organizational Behavior and Human Decision Processes*, vol.39, pp.84-87.

· Polya, G., 1945, *How to Solve It*.

· Rabin, M., 2003, The Nobel Memorial Prize for Daniel Kahneman, *Scandinavian Journal of Economics*, vol. 105, no.2, pp.157-180.

· Rabin, M., 2004, Behavioral Economics, in: Szenberg, M. and L. Ramrattan(eds.), 2004, *New Frontiers in Economics*, Cambridge University Press, pp.68-102.

· Shafir, E., I. Simonson and A. Tversky, 1993, Reason-Based Choice, *Cognition*, vol.49, pp.11-36.

· Sherman, S. J., R. B. Cialdini, D. F. Schwartzman and K. D. Reynolds, 1985, Imaging Can Heighten or Lower the Perceived Likelihood of Contracting a Disease: The Mediating Effect of Ease of Imagery, *Personality and Social Psychology Bulletin*, vol.11, pp.118-127.

· Shiller, R. J., 2000, *Irrational Exuberance*, Princeton University Press.

· Sloman, S. A., 2002, Two Systems of Reasoning, in: Gilovich, T., D. Griffin and D. Kaheneman(eds.), 2002, *Heuristics and Biases: The Psychology of Intuitive Judgment*, Cambridge University Press, pp.379-396.

· Tversky, A. and D. Kahneman, 1971, Beliefs in the Law of Small Numbers, *Psychological Bulletin*, vol.2, pp. 105-110.

· Tversky, A. and D. Kahneman, 1973, Availability: A Heuristic for Judging Frequency and Probability, *Cognitive Psychology*, vol.4, pp.207-232.

· Tversky, A. and D. Kahneman, 1974, Judgment under Uncertainty: Heuristics and Biases, *Science*, vol.185, pp. 1124-1131.

· Tversky, A. and D. Kahneman, 1982, Judgments of and by Representativeness, in: Kahneman, D., P. Slovic and A. Tversky (eds.), 1982, *Judgment under Uncertainty: Heuristics and Biases*, Cambridge University Press, pp. 84-98.

第 4 章

· Allais, M., 1952, Fondements d'une Theorie Positive des Chix Comportant un Risque et Critique des Postulats et Axiomes de L'Ecole Americaine, *Econometrie*, vol.15, pp.257-332. (English translation: The Foundations of a Positive Theory of Choice Involving Risk and a Criticism of the Postulates and Axioms of the American School, in: Allais, M. and .Hagen(eds.), 1979, *Expected Utility Hypothesis and the Allais Paradox*, Reidel, pp.

27-145.

· Baron, J., 2000, Thinking and Deciding(3rd edition), Cambridge University Press. Gonzalez, R. and G. Wu, 1999, On the Shape of the Probability Weighting Function, *Cognitive Psychology,* vol.38, pp. 129-166.

· Hastie, R. and R. M.Dawes, 2001, *Rational Choice in an Uncertain World: The Psychology of Judgment and Decision Making,* Sage.

· Horowitz, J. K. and K. E. McConnell, 2002, A Review of WTA/ WTP Studies, *Journal of Environmental Economics and Management,* vol.44, pp.426-447.

· Kahneman, D. and A. Tversky, 1979, Prospect Theory: An Analysis of Decision under Risk, *Econometrica,* vol.47, no.2, pp.263-291.

· Prelec, D., 2000, Compound Invariant Weighting Functions in Prospect Theory, in: Kahneman, D. and A. Tversky(eds.), 2000, *Choices, Values and Frames,* Cambridge University Press, pp.67-92.

· Thaler, R. H., 1980, Toward a Positive Theory of Consumer Choice, *Journal of Economic Behavior and Organization,* vol.1, pp.39-60.

· Thaler, R. H., 1987, The Psychology of Choice and the Assumptions of Economics, in: Roth, A. E. (ed.), 1987, *Laboratory Experimentation in Economics: Six Points of View,* Cambridge University Press, pp.99-131.

· Tversky, A. and C. R. Fox, 1995, Weighing Risk and Uncertainty, *Psychological Review,* vol.102, no.2, pp.269-283.

· Tversky, A. and D. Kahneman, 1991, Loss Aversion in Riskless Choice: A Reference Dependent Model, *Quarterly Journal of Economics,* vol.106, no.4, pp.1039-1061.

· Tversky, A. and D. Kahneman, 1992, Advances in Prospect Theory:Cumulative Representation of Uncertainty, *Journal of Risk and Uncertainty*, vol.5, no.4, pp.297 323.

第 5 章

· Bewley, T. 1999, *Why Wages Don't Fall During a Recession*, Harvard University Press.
· Hartman, R. S., M. J. Doane and Chi-Keung Woo, 1991, Consumer Rationality and the Status Quo, *Quarterly Journal of Economics*, vol. 106, pp.141-162.
· Kahneman, D., J. L. Knetsch and R. H. Thaler, 1986, Fairness as a Constraint on Profit Seeking: Entitlement in the Market, *American Economic Review*, vol.76, pp.728-741.
· Kahneman, D., J. L. Knetsch and R. H. Thaler, 1990, Experimental Tests of the Endowment Effect and the Coase Theorem, *Journal of Political Economy*, vol.98, no.6, pp.1325-1348.
· Kahneman, D. and C. Varey, 1991, Notes on the Psychology of Utility, in: Elster, J. and J. E. Roemer(eds.), 1991, *Interpersonal Comparisons of Well-Being*, Cambridge University Press, pp. 127-163.
· Knetsch, J. L.,1989, The Endowment Effect and Evidence of Nonreversible Indifference Curves, *American Economic Review*, vol.79, pp.1277-1284.
· Knetsch, J. L. and J.A. Sinden, 1984, Willingness to Pay and Compensation Demanded:
· Experimental Evidence of an Unexpected Disparity in Measures of Value, *Quarterly Journal of Economics*, vol.99, pp.507-521.

· Novemsky, N. and D. Kahneman, 2005, The Boundaries of Loss Aversion, *Journal of Marketing,* vol.42, pp.119-128.
· Quattrone, G. A. and A. Tversky, 1988, Contrasting Rational and Psychological Analysis of Political Choice, *American Political Science Review,* vol.82, pp. 719-736.
· Samuelson, W. and R. Zeckhauser, 1988, Status Quo Bias in Decision Making, *Journal of Risk and Uncertainty,* vol.1, pp.7-59.
· Van Boven, L., G. Loewenstein and D. Dunning, 2003, Mispredicting the Endowment Effect: Underestimation of Owner's Selling Prices by Buyer's Agent, *Journal of Economic Behavior and Organization,* vol.51, pp.351-365.

第 6 章

· Arkes, H. R. and P. Ayton, 1999, The Sunk Cost and Concorde Effects: Are Humans Less Rational Than Lower Animals?, *Psychological Bulletin,* vol.125, no.5, pp.591 600.
· Arkes, H. R. and C. Blumer, 1985, The Psychology of Sunk Cost, *Organizational Behavior and Human Decision Processes,* vol.35, pp.124-140.
· Benartzi, S. and R. H Thaler, 1995, Myopic Loss Aversion and the Equity Premium Puzzle, *Quarterly Journal of Economics,* vol.110, pp. 73-92.
· Iyengar, S. S. and M. Lepper, 2000, When Choice Is Demotivating: Can One Desire Too Much of a Good Thing?, *Journal of Personality and Social Psychology,* vol.76, pp.995-1006.
· Iyengar, S. S. , W. Jiang and G. Huberman, 2003, How Much

Choice Is Too Much?: ontributions to 401(k) Retirement Plans, Pension Research Council Working Paper 2003-10, Wharton chool, University of Pennsylvania.

· Johnson, E. J. and D. Goldstein, 2004, Defaults and Donation Decisions, *Transplantation,* vol.78, no.12, pp.1713-1716.

· Kooreman, P., R. P. Faber and H. M.J. Hofmans, 2004, Charity Donations and the Euro Introduction: Some Quasi-Experimental Evidence on Money Illusion, *Journal of Money, redit, and Banking,* vol.36, no.6, pp.1121-1124.

· Read, D., G. Loewenstein and M. Rabin, 1999, Choice Bracketing, *Journal of Risk and Uncertainty,* vol.19, no.1-3, pp.171-197.

· Schwartz, B., 2004, *The Paradox of Choice: Why More Is Less,* Harper Collins.

· Schwartz, B., A. Ward, J. Monterosso, S. Lyubomirsky, K. White and D. R. Lehaman, 2002, Maximizing versus Satisficing: Happiness Is a Matter of Choice, *Journal of Personality and Social Psychology,* vol.83, no.2, pp.1178-1197.

· Shafir, E., P. Diamond and A. Tversky, 1997, Money Illusion, *Quarterly Journal of Economics,* vol.112, pp.341-374.

· Shafir, E., I. Simonson and A. Tversky, 1993, Reason-Based Choice, *Cognition,* vol.49,

· pp. 11-36.

· Simonson, I., 1989, Choice Based on Reason: The Case of Attraction and Compromise Effect, *Journal of Consumer Research,* vol.16, pp.158-174.

· Simonson, I. and A. Tversky, 1992, Choice in Context: Tradeoff Contrast and Extremeness Aversion, *Journal of Marketing Research,* vol.29, pp.281-295.

- Soman, D. and A. Cheema, 2001, The Effect of Windfall Gains on the Sunk-Cost Effect, *Marketing Letters,* vol.12, no.3, pp.51-62.
- Stigler, G. J. and G. S. Becker, 1977, De Gustibus Non Est Disputandum, *American Economic Review,* vol.67, pp.76-90.
- Thaler, R. H., 1985, Mental Accounting and Consumer Choice, *Marketing Science,* vol.4, pp.199-214.
- Thaler, R. H., 1999, Mental Accounting Matters, *Journal of Behavioral Decision Making,* vol. 12, pp.183-206.
- Thaler, R. H. and E. J. Johnson, 1990, Gambling with the House Money and Trying to Break Even: The Effects of Prior Outcomes on Risky Choice, *Management Science,* vol.36, no.6, pp.643-661.
- Tversky, A. and D. Kahneman, 1981, The Framing of Decisions and the Psychology of Choice, *Science,* vol.211, pp.453-458.

第 7 章

- Ainslie, G., 1992, *Picoeconomics: The Strategic Interaction of Successive Motivational States within the Person,* Cambridge University Press.
- Ainslie, G., 2001, *Breakdown of Will,* Cambridge University Press.
- Benzion, U., A. Rapoport and J. Yagel, 1989, Discount Rates Inferred from Decisions: An Experimental Study, *Management Science,* vol.35, pp.270-284.
- Borghans, L. and B. H.H. Golsteyn, 2006, Time Discounting and the Body Mass Index: Evidence from the Netherlands, *Economics and Human Biology,* vol.4, pp.39-61.
- Frank, R. H., 2005, Does Absolute Income Matter?, in: Bruni, L. and P. L. Porta(eds.), 2005, *Economics and Happiness: Framing*

the Analysis, Oxford University Press, pp.65-90.

· Frank, R. H. and R. M. Hutchens, 1993, Wages, Seniority, and the Demand for Rising Consumption Profiles, *Journal of Economic Behavior and Organization,* vol.21, pp.251-276.

· Frederick, S., G. Loewenstein and T. O'Donoghue, 2002, Time Discounting and Time Preference: A Critical Review, *Journal of Economic Literature,* vol.40, pp.351-401.

· Hausman, J., 1979, Individual Discount Rates and the Purchase and Utilization of Energy-Using Durables, *Bell Journal of Economics,* vol.10, pp.33-54.

· Hsee, C. K., F. Yu, J. Zhang and Y. Zhang, 2003, Medium Maximization, *Journal of Consumer Research,* vol.30, pp.1-14.

· Hsee, C. K. and R. Hastie, 2006, Decision and Experience: Why Don't We Choose What Makes Us Happy?, *Trends in Cognitive Sciences,* vol. 10, no.1, pp.31-37.

· Hsee, C. K. and J. Zhang, 2004, Distinction Bias: Misprediction and Mischoice Due to

· Joint Evaluation, *Journal of Personality and Social Psychology,* vol.86, no.5, pp.680-695.

· Hsee, C. K., J. Zhang, F. Yu and Y. Xi, 2003, Lay Rationalism and Inconsistency between Predicted Experiece and Decision, *Journal of Behavioral Decision Making,* vol.16, pp.257-272.

· Kahneman, D., 1994, New Challenges to the Rationality Assumption, *Journal of Institutional and Theoretical Economics,* vol.150, no.1, pp.18-36.

· Kahneman, D., 2000, Experienced Utility and Objective Happiness: A Moment-Based Approach, in: Kahneman, D. and A. Tversky (eds.), 2000, *Choices, Values and Frames,* Cambridge University Press, pp.673-693.

· Kahneman, D., B. L. Fredrickson, C. A. Schreiber and D. A. Redelmeier, 1993, When More Pain is Preferred to Less: Adding a Better End, *Psychological Science,* vol.4, pp.401-405.

· Kahneman, D. and J. Snell, 1992, Predicting a Changing Taste: Do People Know What They Will Like?, *Journal of Behavioral Decision Making,* vol.5, pp.187-200.

· Kahneman, D., P. P. Wakker and R. Sarin, 1997, Back to Bentham? Explorations of Experienced Utility, *Quarterly Journal of Economics,* vol.112, pp.375-405.

· Laibson, D., 1997, Golden Eggs and Hyperbolic Discounting, *Quarterly Journal of Ecnomics,* vol.112, pp.443-477.

· Langer, T., R. Sarin and M. Weber, 2005, The Retrospective Evaluation of Payment Sequences: Duration Neglect and Peak-and-End Effects, *Journal of Economic Behavior and Organization,* vol.58, pp.157-175.

· Liberman, N. and Y. Trope, 2003, Construal Level Theory of Intertemporal Judgment and Decision, in: Loewenstein, G., D. Read and R. F. Baumeister(eds.), 2003, *Time and Decision: Economic and Psychological Perspectives on Intertemporal Choice,* Russell Sage, pp.245-276.

· Loewenstein, G., 1987, Anticipation and the Valuation of Delayed Consumption, *Economic Journal,* vol.97, pp.666-684.

· Loewenstein, G., 1996, Out of Control: Visceral Influences on Behavior, *Organizational Behavior and Human Decision Processes,* vol.65, pp.272-292.

· Loewenstein, G. and D. Adler, 1995, A Bias in the Prediction of Tastes, *Economic Journal,* vol.105, pp.929-937.

· Loewenstein, G., T. O'Donoghue and M. Rabin, 2003, Projection Bias in Predicting Future Utility, *Quarterly Journal of*

Economics, vol.118, pp. 1209-1248.

· Loewenstein, G. and D. Prelec, 1991, Negative Time Preference, *American Economic Review,* vol.81, pp.347-352.

· Loewenstein, G. and D. Prelec, 1992, Anomalies in Intertemporal Choice: Evidence and an Interpretation, *Quarterly Journal of Economics,* vol.107, no.2, pp.573-597.

· Loewenstein, G. and D. Prelec, 1993, Preferences for Sequences of Outcomes, *Psychological Review,* vol. 100, no.1, pp.91-108.

· Loewenstein, G., D. Read and R. F. Baumeister, 2003, Introduction, in: Loewenstein, G., D. Read and R. F. Baumeister(eds.), 2003, Time and Decision: *Economic and Psychological Perspectives on Intertemporal Choice,* Russell Sage, pp.1-11.

· Loewenstein, G. and N. Sicherman, 1991, Do Workers Prefer Increasing Wage Profiles?, *Journal of Labor Economics,* vol.9, no.1, pp:67-84

· Parfit, D., 1984, *Reasons and Persons, Clarendon.*

· Redelmeier, D. A. and D. Kahneman, 1996, Patients' Memories of Painful Medical Treatments: Real-Time and Retrospective Evaluations of Two Minimally Invasive Procedures, *Pain,* vol.66, no.1, pp.3-8.

· Read, D., 2004, Intertemporal Choice, in: Koehler, D. J. and N. Harvey(eds.), 2004, *Blackwell Handbook of Judgment and Decision Making,* Blackwell, pp.424-443.

· Read, D., S. Frederick, B. Orsel and J. Rahman, 2005, Four Scores and Seven Years from Now: The Date/Delay Effect in Temporal Discounting, *Management Science,* vol.51, no.9, pp.1326-1335.

· Rubinstein, A., 1998, *Modeling Bounded Rationality,* MIT Press.

· Rubinstein, A., 2003, *"Economics and Psychology"*? The Case of Hyperbolic Discounting, uInternational Economic Review,u vol.44, no.4, pp.1207-1216.

· Sagristano, M. D., Y. Trope and N. Liberman, 2002, Time Dependent Gambling: Odds Now, Money Later, *Journal of Experimental Psychology: General*, vol.131, no.3, , pp.364-376.

· Samuelson, P., 1937, A Note on Measurement of Utility, *Review of Economic Studies*, vol.4, pp.155-161.

· Simonson, I., 1990, The Effect of Purchase Quantity and Timing on Variety Seeking Behavior, *Journal of Marketing Research*, vol.27, no.2, pp.150-162.

· Strotz, R.H., 1955-56, Myopia and Inconsistency in Dynamic Utility Maximization, *Review of Economic Studies*, vol.23, pp. 165-180.

· Thaler, R., 1981, Some Empirical Evidence on Dynamic Inconsistency, *Economics Letters*, vol.8, pp.201-207.

· Thaler, R. H., 1992, *The Winner's Curse*, Free Press.

· Thaler, R. H. and H. M. Shefrin, 1981, An Economic Theory of Self-Control, *Journal of Political Economy*, vol.89, no.2, pp.392-406.

· Trope, Y. and N. Liberman, 2000, Temporal Construal and Time-Dependent Change in Preference, *Journal of Personality and Social Psychology*, vol.79, no.6, pp.876-889.

· Trope, Y. and N. Liberman, 2003, Temporal Construal, *Psychological Review*, vol.110, no.3, pp.403-421.

· Trope, Y. and N. Liberman, 2003, Temporal Construal Theory of Time-Dependent Preference, in: Brocas, I. and J. D. Carrillo (eds.), 2003, *The Psychology of Economic Decisions Volume 1: Rationality and Well-Being*, Oxford University Press, pp.235-252.

· 山田英世 , 1967,《邊沁》

第 8 章

· Abbink, K., B. Irlenbusch and E. Renner, 2000, The Moonlighting Game: An Experimental Study on Reciprocity and Retribution, *Journal of Economic Behavior and Organization,* vol.42, pp.265-277.

· Alexander, R. D., 1987, *The Biology of Moral Systems,* Gruyter.

· Anderson, C. M. and L. Putterman, 2006, Do Non-Strategic Sanctions Obey the Law of Demand? The Demand for Punishment in the Voluntary Contribution Mechanism, *Games and Economic Behavior,* vol.54, pp.1-24.

· Andreoni, J., 1988, Why Free Ride? Strategies and Learning in Public Goods Experiments, *Journal of Public Economics,* vol.37, pp.291-304.

· Arrow, K. J., 1972, Gifts and Exchange, *Philosophy and Public Affairs,* vol.1, pp.343-362.

· Berg, J., J. Dickhaut and K. McCabe, 1995, Trust, Reciprocity, and Social History,

· Games and Economic Behavior, vol.10, pp.122-142.

· Blount, S., 1995, When Social Outcomes Aren't Fair: The Effect of Causal Attributions on Preferences, *Organizational Behavior and Human Decision Processes,* vol.63, no.2, pp. 131-144.

· Bolton, G. E. and Axel Ockenfels, 2000, ERC: A Theory of Equity, Reciprocity, and Competition, *American Economic Review,* vol.90, no.1, pp.166-193.

· Camerer, C. F. and E. Fehr, 2006, When Does *"Economic Man"* Dominate Social Behavior?, *Science,* vol.311, pp.47-52.

- Carlsmith, K. M., J. M. Darley and P. K. Robinson, 2002, Why Do We Punish?: Deterrence and Just Desert as Motives for Punishment, *Journal of Personality and Social Psychology*, vol.83, no.2, pp.284-299.
- Dufwenberg, M. and G. Kirchsteiger, 2004, A Theory of Sequential Reciprocity, *Games and Economic Behavior*, vol.47, pp. 268-298.
- Falk, A., E. Fehr and U. Fischbacher, 2000, Testing Theories of Fairness: Intentions Matter, Working Paper No.63, Institute for Empirical Research in Economics, University of Zurich.
- Falk, A., E. Fehr and U. Fischbacher, 2003, On the Nature of Fair Behavior, *Economic Inquiry*, vol.41, no.1, pp.20-26.
- Falk, A., E. Fehr and U. Fischbacher, 2005, Driving Forces behind Informal Sactions, *Econometrica*, vol.73, no.6, pp.2017-2030.
- Fehr, E. and A. Falk, 2002, Psychological Foundations of Incentives, *European Economic Review*, vol.46, pp.687-724.
- Fehr, E. and U. Fischbacher, 2002, Why Social Preferences Matter: The Impact of Non Selfish Motives on Competition, Cooperation and Incentives, *Economic Journal*, vol.112, pp.C1-C33.
- Fehr, E. and U. Fischbacher, 2003, The Nature of Human Altruism, *Nature*, vol.425, p.785-791.
- Fehr, E. and U. Fischbacher, 2004, Third-Party Punishment and Social Norms, *Evolution and Human Behavior*, vol.25, pp.63-87.
- Fehr, E. and U. Fischbacher, 2004, Social Norms and Human Cooperation, *Trends in Cognitive Sciences*, vol.8, No.4, pp.185-190.
- Fehr, E. and U. Fischbacher, 2005, The Economics of Strong

Reciprocity, in: Gintis, H., S. Bowles, R. Boyd and E. Fehr(eds.), 2005, Moral Sentiments and Material Interests: *The Foundations of Cooperation in Economic Life,* MIT Press, pp.151-192.

· Fehr, E. and U. Fischbacher, 2005, Human Altruism: Proximate Patterns and Evolutionary Origins, *Analyse & Kritik,* vol.27, pp.6-47.

· Fehr, E., U. Fischbacher and E. Tougareva, 2002, Do High Stakes and Competition Undermine Fairness? Evidence from Russia, Working Paper Series No.120, Institute for Empirical Research in Economics, University of Zurich.

· Fehr, E. and S. Gächter, 2000, Cooperation and Punishment in Public Goods Experiments, *American Economic Review,* vol.90, No.4, pp.980-994.

· Fehr, E. and S. Gächter, 2000, Fairness and Retaliation: The Economics of Reciprocity, *Journal of Economic Perspectives,* vol.14, No.3, pp.159-181.

· Fehr, E. and S. Gächter, 2002, Altruistic Punishment in Humans , *Nature,* No.415, 10 Jan, pp.137-140.

· Fehr, E. and B. Rockenbach, 2003, Detrimental Effects of Sanctions on Human Altruism, *Nature,* vol.422, 13 March, pp. 137-140.

· Fehr, E. and B. Rockenbach, 2004, Human Altruism: Economic, Neural, and Evolutionary Perspectives, *Current Opinion in Neurobiology,* vol.14, pp.784-790.

· Fehr, E. and K. M. Schmidt, 1999, A Theory of Fairness, Competition, and Cooperation, *Quarterly Journal of Economics,* vol.114, pp.817-868.

· Fischbacher, U., S. Gächter and E. Fehr, 2001, Are People Conditionally Cooperative? Evidence from a Public Goods

Experiment, *Economics Letters,* vol.71, pp.397-404.

· Frank, R. H.,T. D. Gilovich. and D. T. Regan, 1993, Does Studying Economics Inhibit Cooperation? *Journal of Economic Perspectives,* vol.7, no.2, pp.159-171.

· Frank, R. H.,T. D. Gilovich. and D. T. Regan, 1996, Do Economists Make Bad Citizens?, *Journal of Economic Perspectives,* vol. 10, no.1, pp.187-192.

· Frey, B. S. and S. Meier, 2003, Are Political Economists Selfish and Indoctrinated? Evidence from a Natural Experiment, *Economic Inquiry,* vol.41, no.3, pp.448-462.

· Gintis, H., 2003, Solving the Puzzle of Prosociality, *Rationality and Society,* vol.15, no.2, pp.155-187.

· Gintis, H., S. Bowles, R. Boyd and E. Fehr, 2005, Moral Sentiments and Material Interests: Origins, Evidence, and Consequences, in: Gintis, H., S. Bowles, R. Boyd and E. Fehr(eds.), 2005, Moral Sentiments and Material Interests: *The Foundations of Cooperation in Economic Life,* MIT Press, pp.3-39.

· Gneezy, U. and A. Rustichini, 2000, A Fine is a Price, *Journal of Legal Studies,* vol.29, pp.1-17.

· Güth, W , R Schmittberger and B. Schwarze, 1982, An Experimental Analysis of Ultimatum Bargaining, *Journal of Economic Behavior and Organization,* vol.3, pp.367-388.

· Henrich, J., R. Boyd, S. Bowles, C. Camerer, E. Fehr and H. Gintis(eds.), 2004, *Foundations of Human Sociality: Economic Experiments and Ethnographic Evidence from Fifteen Small-Scale Societies,* Oxford University Press.

· Hill, E. L. and D. Sally, 2003, Dilemmas and Bargains: Autism, Theory-of-Mind, Cooperation and Fairness, Working Paper,

University College London.

- Marwell, G. and R. Ames, 1981, Economists Free Ride, Does Anyone Else?: Experiments on the Provision of Public Goods, *Journal of Public Economics,* vol.15, no.3, pp.295-310.
- McCabe, K. A., M. L. Rigdon and V. L. Smith, 2003, Positive Reciprocity and Intentions in Trust Games, *Journal of Economic Behavior and Organization,* vol.52, pp.267-275.
- Milinski, M., D. Semmann and H.-J. Krambeck, 2002, Donors to Charity Gain in Both Indirect Reciprocity and Political Reputation, *Proceedings of the Royal Society of London B,* vol.269, pp.881-883.
- Milinski, M., D. Semmann and H.-J. Krambeck, 2002, Reputation Helps Solve the 'Tragedy of the Commons', *Nature,* vol.415, pp.424-426.
- Nowak, M. A. and K. Sigmund, 2005, Evolution of Indirect Reciprocity, *Nature,* vol.437, pp. 1291-1298.
- Roth, A. E., V. Prasnikar, M. Okuno-Fujiwara and S. Zamir, 1991, Bargaining and Market Behavior in Jerusalem, Ljubljana, Pittsburgh and Tokyo: An Experimental Study, *American Economic Review,* vol.81, pp. 1068-1095.
- Wedekind, C. and M. Milinski, 2000, Cooperation through Image Scoring in Humans, *Science,* vol.288, no.5467, pp.850-852.
- Xiao, E. and D. Houser, 2005, Emotion Expression in Human Punishment Behavior, *Proceedings of the National Academy of Sciences of the USA,* vol.102, no.20, pp.7398 7401.

第 9 章

- Damasio, A. R., 1994, *Descartes' Error: Emotion, Reason, and the Human Brain,* Putnam.

· Frank, R. H., 1988, *Passions within Reason,* Norton

· Frank, R. H., 2006, *Microeconomics and Behavior(Sixth Edition),* McGraw-Hill.

· Finucane, M. L., E. Peters and P. Slovic, 2003, Judgment and Decision Making: The

· Dance ,of Affect and Reason, in: Schneider, S. L. and J. Shanteau(eds.), 2003, *Emerging Perspectives on Judgment and Decision Research,* Cambridge University Press, pp.327-364.

· Finucane, M. L., A. Alhakami, P. Slovic and S. M. Johnson, 2000, The Affect Heuristic in Judgments of Risks and Benefits, *Journal of Behavioral Decision Making,* vol.13, pp.1-17.

· Gazzaniga, M. S., R. B. Ivry. and G. R. Mangun, 2002, *Cognitive Neuroscience: The Biology of the Mind(Second Edition),* Norton.

· Haidt, J., 2001, The Emotional Dog and Its Rational Tail: A Social Intuitionist Approach to Moral Judgment, *Psychological Review,* vol. 108, no.4, pp.814-834.

· Nesse, R. M., 2001, Natural Selection and the Capacity for Subjective Commitment, in: Nesse, R. M.(ed.), 2001, *Evolution and the Capacity for Commitment,* Russell Sage, pp. 1-44.

· Pincl, J. P. J., 2003, *Biopsychology* (5th edition), University of British Columbia Press.

· Shiv, B. and A. Fedorikhin, 1999, Heart and Mind in Conflict: The Interplay of Affect and Cognition in Consumer Decision Making, *Journal of Consumer Research,* vol.26, pp. 278-292.

· Slovic, P., M. Finucane, E. Peters and D. G. MacGregor, 2002, Rational Actors or Rational Fools: Implications of the Affect Heuristics for Behavioral Economics, *Journal of Socio-Economics,* vol.31, pp.329-342.

· 友野典男 , 2005, 〈感情と協力行動〉,《情報コミュニケー
ション学研究》創刊號 ,pp.3-25
· Zajonc, R. B., 1980, Feeling and Thinking: Preferences Need No
Inferences, *American Psychologist,* vol.35, pp.151-175.

· Bechara, A. and A. R. Damasio, 2005, The Somatic Marker
Hypothesis: A Neural Theory of Economic Decision, *Games and
Economic Behavior,* vol.52, pp.336-372.
· Camerer, C. F., G. Loewenstein and Drazen Prelec, 2004,
Neuroeconomics: Why Economics Needs Brains, *Scandinavian
Journal of Economics* vol. 106, no.3, pp.555-579.
· Camerer, C., G. Loewenstein and D. Prelec, 2005,
Neuroeconomics: How Neuroscience Can Inform Economics,
Journal of Economic Literature, vol.43, pp.9-64.
· Cohen, J. D., 2005, The Vulcanization of the Human Brain: A
Neural Perspective on Interactions between Cognition and
Emotion, *Journal of Economic Perspectives,* vol.19, no.4, pp.3-
24.
· de Quervain, D. J.-F., U. Fischbacher, V. Treyer, M.
Schellhammer, U. Schnyder, A. Buck and E. Fehr, 2004, The
Neural Basis of Altruistic Punishment, *Science,* vol.305, pp.
1254-1258.
· Glimcher, P. W. and A. Rustichini, 2004, Neuroeconomics: The
Consilience of Brain and Decision, *Science,* vol.306, pp.447-
452.
· Hsu, M., M. Bhatt, R. Adolphs, D. Tranel and C. F. Camerer,
2005, Neural Systems Responding to Degrees of Uncertainty in
Human Decision-Making, *Science,* vol.310, pp.1680-1683.
· Knutson, B. and R. Peterson, 2005, Neurally Reconstrucing

Expected Utility, *Games and Economic Behavior,* vol.52, pp.305-315.

· Kosfeld, M., M. Heinrichs, P. J. Zak, U. Fischbacher and E. Fehr, 2005, Oxytocin Increases Trust in Humans, *Nature,* vol.435, pp.673-676.

· McClure, S. M., D. I. Laibson, G. Loewenstein and J. D. Cohen, 2004, Separate Neural Systems Value Immediate and Delayed Monetary Rewards, *Science,* vol.306, pp.503-507.

· Platt, M. L. and P. W. Glimcher, 1999, Neural Correlates of Decision Variables in Parietal Cortex, *Nature,* vol.400, pp.233-238.

· Rilling, J. K., D. A. Gutman, T. R. Zeh, G. Pagnoni, G. S. Berns and C. D. Kilts, 2002, A Neural Basis for Social Cooperation, *Neuron,* vol.35, pp.395-405.

· Sanfey, A. G., G. Loewenstein, S. M. McClure and J. D. Cohen, 2006, Neuroeconomics: Cross-Currents in Research on Decision-Making, *Trends in Cognitive Sciences,* vol. 10, no.3, pp. 108-116.

· Sanfey, A. G., J. K. Rilling, J. A. Aronson, L. E. Nystrom and J. D. Cohen, 2003, The Neural Basis of Economic Decision-Making in the Ultimatum Game, *Science*, vol.300, pp.1755-1758.

· Trepel, C., C. R. Fox and R. A. Poldrack, 2005, Prospect Theory on the Brain? Toward a Cognitive Nueroscience of Decision under Risk, *Cognitive Brain Research,* vol.23, pp.34-50.

· Zak, P. J., 2003, Trust, *Journal of Financial Transformation,* vol.7, pp.17-24.

· Zak, P. J., 2004, Neuroeconomics, *Philosophical Transactions of the Royal Society of London: B.,* vol.359, pp.1737-1748.

· Zink, C. F., G. Pagnoni, M. E. Martin-Skurski, J. C. Chappelow and G. S. Berns, 2004, Human Striatal Responses to Monetary

Reward Depend on Saliency, *Neuron,* vol.42, pp.509-517.

· Baron-Cohen, S., 1995, Mind Blindness: *An Essay on Autism and Theory of Mind,* MIT Press.

· Bowles, S. and H. Gintis, 2006, Prosocial Emotions, in: Blume, L. E. and S. N. Durlauf(eds.), 2006, *The Economy as an Evolving Complex System, III: Current Perspectives and Future Directions,* Oxford University Press, pp.339-366.

· Brown, D. E., 1991, *Human Universals,* McGraw-Hill.

· Coleman, J. S., 1990, *Foundations of Social Theory,* Harvard University Press.

· Cosmides, L. and J. Tooby, 1992, Cognitive Adaptation for Social Exchange, in: Barkow, Jerome H., L. Cosmides and J. Tooby (eds.), 1992, *The Adaptive Mind: Evolutionary Psychology and the Generation of Culture,* Oxford University Press, pp.163-228.

· Darwin, C., 1871, *The Descent of Man and Selection in Relation to Sex.*

· Gintis, H., 2003, The Hitchhiker's Guide to Altruism: Gene-Culture Coevolution, and the Internalization of Norms, *Journal of Theoretical Biology,* vol.220, pp.407-418.

· Gintis, H., 2004, The Genetic Side of Gene-Culture Coevolution: Internalization of Norms and Prosocial Emotions, *Journal of Economic Behavior and Organization,* vol.53, pp.57-67.

· Gintis, H., S. Bowles, R. Boyd and E. Fehr, 2003, Explaining Altruistic Behavior in Humans, *Evolution and Human Behavior,* vol.24, pp.153-172.

· Glimcher, P. W., M. C. Dorris and H. M. Bayer, 2005, Physiological Utility Thoery and the Neuroeconomics of Choice, *Games and Economic Behavior,* vol.52, pp.213-256.

· 長谷川壽一、長谷川真理子, 2000,《進化と人間行動》, 東京大学出版会

· Henrich, J. and R. Boyd, 1998, The Evolution of Conformist Transmission and the Emergence of Between-Group Differences, *Evolution and Human Behavior,* vol.19, pp.215-241

· Richerson, P. J. and R. Boyd, 2005, *Not by Genes Alone: How Culture Transformed Human Evolution,* University of Chicago Press.

· Richerson, P. J., R. T.Boyd and J. Henrich, 2003, Cultural Evolution of Human Cooperation, in: Hammerstein, Peter(ed.), 2003, *Genetic and Cultural Evolution of Cooperation,* MIT Press, pp.357-388.

· Simon, H. A., 1990, A Mechanism for Social Selection and Successful Altruism, *Science,* vol.250, pp.1665-1668.

· Smith, V. L., 2003, Constructivist and Ecological Rationality in Economics, *American Economic Review,* vol.93, no.3, pp.465-508.

· 友野典男, 2005,〈文化的進化と協力行動の源泉〉,《明治大学社会科学研究所紀要》第 44 卷，1 號，pp229-239

· Yamagishi, T., S. Tanida, R. Mashima, E. Shimoma and S. Kanazawa, 2003, You Can Judge a Book by its Cover: Evidence that Cheaters May Look Different from Cooperators, *Evolution and Human Behavior,* vol.24, pp.290-301.

圖表資料來源：

第 2 章 圖 2-2

FRANK, R. H. (EDITOR); WHAT PRICE THE MORAL HIGH GROUND. ©2004 by Princeton University Press. Reprinted by permission of Princeton University Press.

第 4 章 圖 4-3、圖 4-4

RATIONAL CHOICE IN AN UNCERTAIN WORLD: THE PSYCHOLOGY OF JUDGMENT AND DECISION MAKING (PAPER) by HASTIE, R. /DAWES, R.. Copyright 2001 by SAGE PUBLICATIONS INC BOOKS. Reproduced with permission of SAGE PUBLICATIONS INC BOOKS in the format Other Book via Copyright Clearance Center.

第 9 章 圖 9-1、圖 9-2

橘雅昭 繪製

國家圖書館出版品預行編目資料

有限理性 / 友野典男 著 ; 謝敏怡 譯 . -- 二版 . -- 新北市 : 大牌出版 ,
遠足文化發行 , 2023.07
332 面 ; 14.8×21 公分
譯自 : 行動経済学 : 経済は「感情」で動いている
ISBN 978-626-7305-33-1 (平裝)

1. 經濟學　2. 行為心理學

550.14　　　　　　　　　　　　　　　　　　　　　112007077

有限理性

行為經濟學入門首選！經濟學和心理學的共舞，理解人類真實行為
的最佳工具

行動経済学：経済は「感情」で動いている

作　　　者	友野典男	
圖表繪製	橘雅昭	
譯　　　者	謝敏怡	
編　　　輯	林玟萱	

總 編 輯	李映慧
執 行 長	陳旭華（steve@bookrep.com.tw）

出　　　版	大牌出版 / 遠足文化事業股份有限公司
發　　　行	遠足文化事業股份有限公司（讀書共和國出版集團）
地　　　址	23141 新北市新店區民權路 108-2 號 9 樓
電　　　話	+886- 2- 2218 1417
郵撥帳號	19504465 遠足文化事業股份有限公司

封面設計	張天薪
排　　　版	新鑫電腦排版工作室
印　　　製	成陽印刷股份有限公司
法律顧問	華洋法律事務所　蘇文生律師

定　　　價	450 元
一　　　版	2019 年 05 月
二　　　版	2023 年 07 月
有著作權	侵害必究（缺頁或破損請寄回更換）

本書僅代表作者言論，不代表本公司／出版集團之立場與意見

電子書 E-ISBN
9786267305485（PDF）
9786267305492（EPUB）

《KODOKEIZAIGAKU KEIZAI WA "KANJO" DE UGOITEIRU》
©Norio Tomono, 2006
All rights reserved.
Original Japanese edition published by Kobunsha Co., Ltd.
Traditional Chinese translation rights arranged with Kobunsha Co., Ltd.
through AMANN CO., LTD., Taipei.
Traditional Chinese translation rights © 2019,2023 by Streamer Publishing House,
a Division of Walkers Cultural Co., Ltd.